本专著由黄冈师范学院博士基金（立项编号2042021030）
资助出版

近代湖社与寺院的互动

以上海寿圣庵事件为中心

刘文星／著

JINDAI HUSHE YU SIYUAN DE HUDONG

YI SHANGHAI SHOUSHENGAN SHIJIAN WEI ZHONGXIN

上海三联书店

目录

序一

康豹①

　　近年来,学界陆续发表一些近代华人城市史的论著,其中有不少论及庙产兴学、破除迷信等运动对于都市宗教信仰的冲击;然而,有关都市化如何影响到城市里的庙宇及庙产这个问题,则长期受到忽视。《近代湖社与寺院的互动:以上海寿圣庵事件为中心》一书对于这些议题,提出了许多新的见解与贡献。本书是 2011 至 2013 年间,刘文星博士在担任高万桑教授与我所主持的中研院主题计划"1898—1948:改变了中国宗教的 50 年"的博士后研究助理时,发现上海湖社将上海寿圣庵改建为陈英士(陈其美,1878—1916)纪念堂的大量资料,故深入研究了寿圣庵事件。本书的内容是依据 2015 年刘博士发表在《改变中国宗教的五十年,1898—1948》一书的长篇论文,进行修改与补充,今能以专书的形式出版,让身为计划主持人感到特别高兴与荣幸。

---

① 康豹(Paul R. Katz),台湾"中央研究院"近代史研究所特聘研究员,蒋经国"国际"学术交流基金会研究室主任。

根据刘博士的研究，寿圣庵创建于 1870 年代，长年属于旅沪湖州同乡会之公产。1924 年 6 月，旨在谋湖属六邑与旅外同乡事业发展的湖社成立，系由张静江（1877—1950）、陈蔼士（1880—1954；陈英士的胞弟）、戴季陶（1891—1949）等社会菁英所发起。其后，由于湖社的影响力日益蓬勃发展，原有的旅沪同乡会组织与湖州会馆虽然没有立刻消失，但功能却更加式微，湖社几乎成了湖州同乡团体的唯一代表，自然有权处分寿圣庵寺产。1928 年，湖社决定接管寿圣庵，成立"处理寿圣庵委员会"，保管同乡公产。不久之后，更议决寿圣庵迁移湖州会馆，原址建筑湖社社所。1929年，又呈奉国民政府令，准在社所内建立先烈陈公英士纪念堂。为了寿圣庵庙产要如何处置这个问题，湖社的领导阶层与寿圣庵的僧人闹上法庭，官司缠讼三年，其间还扯出住持僧的丑闻；整起事件从市府、省府到行政院都曾介入，一再登上《申报》版面。最后法院判决僧众败诉，寿圣庵仍然归湖社所有，1932 年纪念堂顺利举行了开幕典礼。

这本书的主要特色是透过完整的史料基础进行客观、周延的分析与论述。作者运用的研究资料包括上海图书馆藏的《湖社社基全案》和《建筑湖社社所暨英士纪念堂报告书》、上海档案馆藏《湖社委员会与处理寿圣庵委员会联席会议档案》、台湾国史馆藏《陈英士先生纪念堂兴建案》等。附录中还收录了《寿圣精舍董事会简章》《陈公英士纪念堂董事会组织章程》。此外，刘博士在修改书稿时，一一查证了若干原先征引网络资料的脚注，并进行了修正与替换,正文前也加上了《大事摘记》,使读者容易掌握整体寿圣庵事件的来龙去脉。此外,附录也增加了《湖社社基全案目录》《处理寿圣庵各项账目》《捐助经募名册》全文等新史料。

本书的出版具有两种意义,一则有助于我们进一步了解都市化对于宗教信仰的影响;二则能够让我们重新评估中国佛教的近代史。关于第一点,本书探讨的寿圣庵事件,看来仅是一种庙产之争,但同时也让我们思考一个更大的问题,即中国城市菁英如何利用其影响力,把都市庙宇改建为非宗教用途之建筑物。整个过程也牵涉到另外一个核心的都市化现象:一旦本来不值钱的庙地变成了大都市中心寸土寸金的房产,寺庙方面该如何应对和处理?(这个观念是我的同事张宁于 2013 年的计划成果发表会上所提出的)

关于第二点,寿圣庵事件一方面呈现了佛教本身的式微。各寺院之间形同一盘散沙,佛教组织之间缺乏必要的联系,整个佛教界似乎已走到了四面楚歌的困境。尽管政府对佛寺保护有明确的规定,但有法不依、违法不究的现象相当严重,宗教界往往处于弱势,甚至让部分基层劣绅从中牟利。不过,也有部分高僧与居士努力抵抗,有时也能成功地保护佛寺及其财产。如 1929 年 1 月南京国民政府颁布《寺庙管理条例》,引起了佛教界的强烈反对。当时,佛教菁英尽力说服官方缓行破坏或没收寺庙的命令,或改以文物名义加以保留。除了发动请愿,他们有时也诉诸法律途径,1929年北平铁山寺案即是一例:缠讼三年之后,法院宣判被工人占据的寺产仍归寺方所有。1931 年 9 月，佛教界菁英更联合发表一篇《庙产办学促进会宣言驳议》，向鼓吹庙产兴学的人士提出尖锐的质询。

上述文章的作者之一，王一亭（1867—1938）正好也是寿圣庵事件的主角之一。王一亭是颇孚众望的湖州籍佛教居士，又是湖社的骨干和著名的慈善家、企业家，与国民政府渊源甚深。他曾运用和蒋介石（1887—1975）的交谊，为中国佛教会争取政府的立案。1928 年 8、9 月间，教育部、内政部下令整顿寺庙财产，王一亭决定拜会蒋介石，力保正规的僧团和道场，蒋氏表示在社会秩序的方针上，他素来肯定中国佛教的改革路线。

蒋介石的态度显然缓和了一部分来自官方的压力，只是身为基督徒的他，这种友善从何而来？首先，王、蒋可能在 20 世纪初便已结识，似乎同时待过日本，有些记载说蒋称王为"伯伯"。这些事迹当可说明，王、蒋之间关系匪浅，至少绝不隔膜。此外，蒋介石对佛教的态度，与佛教在他精神世界中的地位应该也有关。蒋介石的故乡在浙江奉化，当地梵刹林立，蒋氏家族——甚至包括蒋介石本人长年护持著名的雪窦寺。蒋家有不少虔诚的佛教徒，蒋介石年幼时，祖父蒋斯千（1814—1894）曾带他到寺院礼佛。蒋氏九岁时父亲逝世，母亲王采玉（1864—1921）对蒋氏人格的养成，无疑影响尤大。王氏原有婚配，丧夫后一度待在故乡的寺院，后来嫁入蒋家，再度守寡后备尝艰辛，但她始终虔诚，长斋礼佛之外，也曾多次朝礼普陀，终身乐善好施。这点也体现在她的母教之中，王氏过世后,蒋介石撰写《事略》,便追忆过去每当返家,王氏必定向他谆谆讲解佛经,自己之所以能"略究于佛学者,实先妣之所感化也"。

同时,蒋氏和太虚(1890—1947)等僧侣的交往,不免令人想起古代士人的方外交游。蒋介石与太虚最重要的一次会面在1927年9月,国府正陷入定都的争议,徐州战败,黯然下野的蒋氏邀太虚同游雪窦,太虚并在中秋之夜,为蒋经国(1910—1988)之母毛福梅(1882—1939)等人开示《心经》。有一说是太虚(或雪窦寺住持)曾为蒋氏算命,可能是八字或星相,又一说是蒋为了自己墓地的风水,向太虚请益。

然而,刘博士的研究显示:王一亭在寿圣庵诉讼过程中的立场十分尴尬。虽然王一亭是沪上具有深刻影响力的佛教居士,但由于寿圣庵在湖州同乡的心目中属公产性质,身为湖社一员的王一亭很难为了坚持护法,而损及湖社的利益,故他一直努力寻找解决之道,曾主张"另行觅地起建"来安顿寿圣庵的想法。本书也提及这种以一地换一地的方式,既能满足湖社需要,又较易于对寿圣庵僧人交代,或许是两全其美的办法,无奈后来事与愿违,湖社与寿圣庵几乎两败俱伤。

本人之所以能够认识刘博士系因"中研院"主题计划之故,在执行计划期间,他的努力让大家印象深刻,其研究成果也是有目共睹。此计划结案共出版三种研究,其中"湖州菁英的宗教生活"(编按:同参"后记")即是出他负责的。在此之后,刘博士仍然持续进行突破性的研究,也持续发表重要论著,如2015—2017年间就出版了四篇关于湖州社会史研究总回顾、清初居士周安士（1656—1739）思想、苗栗鸾书等议题的论文。这两年来，刘博士虽然忙于教学工作，但是始终持续做研究，一直有出版关于湖州菁英的著作，最近还有一篇关于近代江南蚕花神信仰的论文已经审查通过，将发表在《民俗曲艺》上（编按：已正式出版）。[①] 他致力于研究的热诚，使我深受感动。以他的能力，将来在学术上一定会陆续有更出色的表现，我是这样的期待着。同时，我也期待学界对近代城市宗教史能有更多全面性的探讨，开拓更多的新领域，资以丰富我们对华人宗教文化的理解。在乐于见到本书问世之余，也以此和刘博士互勉。

康豹（Paul R. Katz）

台湾"中央研究院"近代史研究所

2020 年 3 月 1 日

---

① 刘文星：《庙会、文本与传说——近代江南的蚕花神信仰》，《民俗曲艺》第 208 期，2020 年 6 月，第 91—185 页。

序二

李学功①

　　文星教授远道惠书,谓其大著《近代湖社与寺院的互动》即将出版,嘱撰序文。余实不娴于此,然文星兄雅意,又义不容辞,姑就与文星兄相契之谊及大著习得之感,略陈左右。

　　与文星兄相识是 2013 年在湖州的一次朋友聚会上。记得文星兄当时正担负台湾"中研院"近史所康豹教授主持的"1898—1948:改变了中国宗教的 50 年"主题计划博士后研究助理工作,文星兄并承担了其中"湖州菁英的宗教生活"研究与撰写任务,因系初识,加之对此涉猎无多,双方客气的成分更多些。

　　与文星兄真正的识交实是 2014 年。此前我主持的"湖州民国人物与社会研究中心"获批市哲学社会科学研究基地,有鉴于湖州在近代中国的独特地位,在杭师大袁成毅教授主持的省人文社科重点研究基地"民国浙江史研究中心"支持下,在杭州以外建

---

① 李学功,历史学教授,中国先秦史学会副会长,浙江省历史教学研究会会长,湖州市历史学会会长,湖州师范学院湖州发展研究院执行院长。

立了唯一的一个分中心——"民国浙江史研究中心湖州中心",蒙成毅兄等的不弃,湖州中心工作亦由我负责进行。如此,我研究的方向也从原初单一的先秦史,又加上了一个晚清民国,从此变成了上与下的求索。也因此研究近代湖州,思考"湖州的民国与民国的湖州"之历史建构,成为自己学术进路上一个必然的选择。承台湾"中研院"近史所原副所长张力先生见告,近史所档案馆藏朱家骅档案资料已对大陆学者开放,因此之故,我作为高级研究学者于2014年申请赴台。待一切手续办妥,转眼已是7月。8月1日,我与本校石明庆博士一起搭机从上海直飞台北松山机场。自此开始了在台岛历时三个月的阅档、研究及考察之旅。记得到台后没过几日就与文星兄取得了联系,他得知我来台的消息很是高兴,二话没讲,就从他所居住的中坜赶到台北南港。记得那天晚上是康豹教授请客,我们都喝了些啤酒,大家聊得很开心,文星兄并拿出他探访苗栗镇五福宫所获"道善堂药签"展示给我们看。因为谈话兴致高,不觉时间已迟,文星兄因要赶最晚一班火车,大家方作别。那日的晚聚,文星兄的好学深思与田野调查精神给我留下了深刻印象。从康豹教授处得知,文星兄每次来台北作课题汇报都是先骑摩托车到中坜车站,而后搭火车到台北,再转捷运到南港,如此途程,奔波辛劳是一定的,但文星兄却浑然不觉。想来那一日文星兄为了与我相聚也是这样一路奔劳,尤其是在夏伏天,这犹令人动容。随后的时间我们常互通讯息,并有了文星兄邀约的中坜、慈湖之行。文星兄亲自驾车带我寻访大溪石板古道，看大溪历史街坊，走访当地民间信仰之土地公、关帝庙、妈祖庙，文星兄是这方面的专家，故而一路听他如数家珍般析说其中掌故、变迁，一天旅程下来竟毫无疲乏之感。于后思之，对文星兄甚感歉然！我是初访台岛，一切都是新鲜体验，故无疲惫感觉亦属正常，然于文星兄而言，则是熟门熟路不存在我这样一种状态情绪，相劳他陪游讲解一整天，真是难为他了。但文星兄始终是报以微笑，对任何问题总能以他一贯地矜持，在轻声细语中不紧不慢地讲解、处理。

孔子一生笃力于君子人格，其以君子四行相勉："君子义以为质，礼以行之，孙（逊）以出之，信以成之。君子哉！"文星兄身上有古君子风，古道热肠，与文星兄交，诚君子之交也。湖师青年才俊李章程、汪浩博士到台访学交流都曾得到他的鼎力襄助。于今读他的文字，脑际总能浮现他谦逊待人和谐处事的面影。应当说，这不是第一次读他的文字，从他多次应邀来湖参加两岸相关学术话题的研讨会，在湖师学报发表他研究南浔的论稿，再到眼前这部《近代湖社与寺院的互动》专著，研究问题的严谨、持正，可谓文星兄一以贯之的学风、文风。

感谢文星兄对近代湖州文史的关注！我们知道，湖州自入唐，在诗人张志和等文人墨客的笔下，已是一派"西塞山前白鹭飞，桃花流水鳜鱼肥。青箬笠，绿蓑衣，斜风细雨不须归"的诗画江南图景；迈入唐末五代，湖州更以战乱中的文化孤岛和人类宜居地释放出"虹吸"效应，"放尔生，放尔命，放尔湖州做百姓"即是一种证明。

至宋，有"宋初三先生"之誉的胡瑗讲学湖州，以分斋教学，条规教育，推动东南学术崛起，影响所至，太学以其为法式；豪放一派诗人苏轼当年纵笔写下"我从山水窟中来，尚爱此山看不足"的诗句，歌咏山水清绝的湖州福地；南宋湖州不仅是时谚"苏湖熟，天下足"的富甲一方之地，江南园林之翘楚，亦是藏书文化重镇和巍科人物聚居地，这样一种底蕴吸引诸如斯波义信、滨岛敦俊等著名学者诉诸笔墨专题以探究竟。进入近代的湖州，仍是时代浪潮的赶海人，上海开埠伊始，就有湖商占得先机，营销湖丝，进而设厂缫丝。上海滩早期商会组织的诸多要角都有湖州人的身影。在倾覆清朝统治、创立民国的革命洪流中，湖籍人士更是不甘其后，敢为人先。不唯如此，湖州素有修志传统，据陈学文先生研究，浙江十一府唯有湖州府文献资料最为丰厚。文星兄慧眼独具，长期耕耘湖州文献史料，故而在史学的细分化研究中能轻松独步，当然更是得益于他良好的学术修养和扎实的文史功底。

书及此，该是请出文星兄此次本尊大著《近代湖社与寺院的互动》出场的时候。前此所言小叙，不妨视作暖场之辞。现在兹就结合这部专著内容本身，谈谈拜读大著之后的一些感想和心得。览读《近代湖社与寺院的互动》专著，概言之，其特点要略有三：

第一，是著以谨严的史法和逻辑分析，为读者演绎了一出颇为典型的中国版"罗生门"叙事。寿圣庵事件的故事构成要件并不复杂：湖社、寿圣庵、湖社要人、寿圣庵僧人，还有一位神秘人物，即今涌和尚的女弟子高客人。使该事件变成"罗生门"的关键在于：按，姑且将其称之为整件事件的"药引子"——即"道契"。而且问题的要害并在于"道契"保管者抑或持有者身份的暧昧性，或者说不明朗性，如此大大增强了事件的扑朔迷离和看点。当然事情如果仅于此就打住、止步，也就乏善无陈了。真正的看点乃在于湖社背后所代表的政治力量，以及寺院身后的宗教力量，随着事件的发酵，各方力量尽施其魔法，而角力之舞台却是诉诸法律的折冲口舌。在这里我们看到文星兄史料爬梳的功夫，条列剖析的逻辑手法至为圆熟，各方档案史料信手拈来，叙述处置颇为妥当。当然我注意到文星兄于后记中特别提到此多获益于张宁博士当初的点评，文星兄特意书之，表现出对学术规范的礼敬，此点尤足令人敬佩和称道。

第二，是著将一出庙产之争，纳入近代湖社与寺院的互动视角，显示出史学分析的方法论视野。观览书稿，作者并非单纯的着眼于庙产之争的历史叙事，而是放宽研究的视界，从事件发生的历史背景的大视角人手进行分析，只眼独具，敏锐地把握佛教式微的不争事实，从而为事件的结局预先铺设大历史的支点。并以具体的细节分析支持这一观点，如作者注意到僧人的素质显然影响到寿圣庵的前途，由于时任寺院住持的谛松"引诱妇女，吸食鸦片，结识地痞"的"密室丑闻"曝光，导致其丧失住持身分，再无资格代表寿圣庵诉讼，间接使得湖社赢得第一阶段的官司。作者注意力并未止于此，而是关注到上世纪二十年代国民党"司法党化"所带来的政治环境的改变,对各类官司的判决,产生了关键性的影响,自然也为湖社在寿圣庵官司的胜诉,预设了决定性的前提。凡此分析与结论,令人信服。

第三,文星兄是著《近代湖社与寺院的互动》,毋宁说它更像是一部以小见大的专题之作,或者说是大格局中的小叙事。我一直觉得史学研究中一项很重要的功课或曰功夫,就是考据与考实。文星兄《近代湖社与寺院的互动》即是这样一部考据考实,信而有据的论述佳作。为方便读者计,文星兄先条列"大事摘记",从而使读者避免了入山不见山的一头雾水之感。从绪论、事件原委、诉讼分析,逐一铺陈展开,最后以"三点观察"和言犹未尽之"余论"收官。其中颇有意味的,是文星兄引据郑逸梅先生忆述辛亥元勋陈英士的寺观看法,文谓:"先生(按,陈英士)思想新颖,谓繁华都市中,不宜设为清静之佛地。此等庵观,大可改筑为图书馆及名人纪念堂之用,同席聆之者,咸不以为意也。不料事隔若干年,先生奋然而为革命先进,功成身死。又隔若干年,竟将寿圣庵旧址,改为英士纪念堂,且美轮美奂,与西门之纪念塔,为表扬勋迹之二大建筑物,当非先生生前意料之所及也。"读及此,直让人感慨历史和造化的弄人与巧合。

对朋友和朋友之佳作,尤其是研究与我供职所在关联甚密的历史上曾经风云际会的人和事,未免感触更多,故而不择言处在在。读君书浮想一起论谈的历历场景,期待文星兄江南研究有更多佳作成果问世,更期待把酒临风再相叙的时刻。虽时移世易,文星兄已赴黄冈任教,然深信东坡流风,定能涤荡心灵,为之安身立命。湖州同为东坡故迹所至,与黄冈乃二省之隔,所幸信息化时代,"今日适越而昔来",故我们不必再效仿古人嘤鸣以会友,彼此的认知和距离必可缩短。是为序。

李学功

辛丑仲秋于南太湖尺见阁

大事摘记

十五年（1926 年）四月十一日　提议筹建社所。

十六年（1927 年）五月十六日　成立建筑社所募捐委员会开始
募捐。

十七年（1928 年）二月念五日　同乡请求保存同乡公产。

七月卅一日　接管寿圣庵,同时成立处理寿圣庵委员会保管
同乡公产（即寿圣庵住用之房屋基地）。

十月廿九日　州会馆董事、湖社委员,在功德林议决寿圣庵迁
移湖州会馆,原址建筑湖社社所。

十八年（1929 年）五月四日　呈奉国民政府令,准在社所内建立先
烈陈公英士纪念堂。

七月七日　湖州同乡大会通过寿圣庵迁移湖州会馆,原址建
社所。

十九年（1930 年）四月廿五日　寿圣庵佛像迁移湖州会馆。

五月十八日　社所暨纪念堂奠基,请张岳军市长行奠基礼。

十二月六日　决定泰利洋行建筑图样。

二十年(1931年)三月九日　开始建筑,由朱森记营造厂承包,泰
　　利洋行监工。

二十一年(1932年)四月二日　验收新社所。

七月十九日　纪念堂行开幕礼。

十二月卅一日　结束募建社所账务。

第一章 绪论

　　湖社正式成立于 1924 年 6 月,由张静江(1877—1950)、陈蔼士(1880—1954)、戴季陶(1891—1949)、杨谱笙(1879—1949)、严濬宣、汤济沧等三十余人所发起,旨在谋湖属六邑与旅外同乡事业的发展,对湖人公共事业办理极多,[①]它是在昔日的湖州旅沪同乡组织的基础上建立起来的。[②] 根据陶水木的研究,湖社与其他同时期旅沪同乡团体最大的不同,主要反映在几个方面:(一)章程规定,凡各地有社员 50 人以上,由委员会认可成立事务所,10 人以上则可成立通信处。(二)其组织基础和宁波旅沪同乡会一样,主要由工商业者所组成,但其实权却长期掌握在湖州籍政要或官僚资本家之手。(三)简章规定,湖社得视实际情况,设立各种专门

---

① 《湖社辩诉状》,《湖社社基全案》,湖社 1931 年版,上海图书馆藏,第 38 页。
② 1924 年 5 月,湖州旅沪同乡以原有湖州同乡会,十余年来,会务停顿,形同消灭,乃发起改组。详见《湖州同乡昨日开会》,《申报》第 18391 期,1924 年 5 月 12 日,第 15 版。

委员会。① 湖社当时为了介入寿圣庵的运作,特别组成了"处理寿圣庵委员会",即是一显著例子。由于湖社的核心人物,与国民政府渊源深厚,故此一民间社团组织,事实上也具备半官方性质,其影响力自不容小觑。

依邵钰介绍,北伐战争以后,湖州人在国民党内的影响力急遽膨胀,诸如曾为国民党中常委的张静江、褚民谊(1884—1946)、戴季陶、陈果夫(1892—1951)、陈立夫(1900—2001)、朱家骅(1893—1963)、潘公展(1895—1975)等都是湖社社员,而且被推选为历届理事,故时人每称湖州有"半打中央委员""蒋家天下陈家党",可谓权倾一时。据 1931 年 1200 名湖社社员的职业来看,工商、金融、交通邮电等经济界人士占 51.5％,其次是学界(文化教育)、自由业,占了 35％,党政军警人士 13.5％。一二八事变以后,经济界人士比例上升到 58.3％,②可见其组成之多元。

虽然湖社的政治色彩很浓,甚至被视为 CC 派的外围团体,但它也积极问政,吁请当道改革时弊,如 1925 年上海发生五卅惨案,湖社即电请北京政府外交总长湖州人沈瑞麟(1874—1945)"据理力争";1926 年要求吴兴县长排除县(国民党)党部及工会"被乱党把持"现象;要求浙江省府剿灭安吉、孝丰土匪;建请江苏省停止太湖围田、减少丝绸税收等。此外,湖社基于同乡情谊,也兴办了一

---

① 陶水木:《浙江商帮与上海经济近代化 1840—1936》,中国社会科学出版社 2009 年版,第 228—229 页。

② 邵钰:《湖州人在上海的同乡组织》,中国人民政治协商会议浙江省湖州市委员会文史资料委员会编:《湖州文史》第 14 辑,内部参考 1996 年版,第 161 页。

些社会服务活动,如赈济家乡水旱、蝗害,救助和遣返来沪的同乡难民,解救沦为娼妓的同乡妇女等。社所内也设置诊疗所,由湖州籍医生义务为同乡诊断。[①]

必须一提的是,在湖社成立前,上海即有湖州人的同乡会组织。据方福祥考证,为促进同乡公益和家乡建设起见,周庆云(1864—1933)、沈联芳(1870—1947)、杨谱笙和王一亭(1867—1938)等绅商,曾于1906年成立了湖州同乡会。4年后,他们在闸北海家桥,创立了湖州会馆,会馆大殿供奉关帝,并有养病房和殡舍。虽然该同乡会在建设桑梓、服务乡亲方面,颇有建树,但到了1920年代,主事者日益老迈,加以观念陈旧,组织松散,导致年轻一代的不满,于是他们便另行成立了湖社。[②] 湖社建立后,原有的旅沪同乡会组织与湖州会馆,虽然没有立刻消失,但功能却更加式微。后来,由于湖社日益蓬勃发展,湖社几乎成了湖州同乡团体的唯一代表。

本书讨论的寿圣庵事件,其本质乃是庙产之争,此种争端的历史背景,首先反映的是佛教本身的式微。单侠认为,从内部因素来看,有统治者不利佛教的政策、佛教义学研究的废弛、佛教僧才的

---

① 邵钰:《湖州人在上海的同乡组织》,《湖州文史》第14辑,第162页。

② 方福祥:《在沪湖州商帮的新旧同乡团体及其比较》,《档案与史学》2002年第5期,第45页。另,关于湖州会馆的地点与面积,邵钰说是由在闸北拥有大片地皮和"恒"字头里弄房产的沈联芳、荷商信达洋行买办丝商杨信之、书画大师吴昌硕等倡议筹资,在今闸北会义路153—159号地块,费时数年建成(1900年始建)、占地22亩的湖州会馆。参见邵钰:《湖州人在上海的同乡组织》,《湖州文史》第14辑,第159页。

缺乏、丛林制度的流弊诸端。至于外部因素,则有晚清的太平天国之役、基督教在内地的传播、庙产兴学运动的兴起,都使佛教遭遇更大挑战。至于内、外部因素加乘后,反映在社会经济层面对佛教的冲击,则是社会的不安定及"子孙丛林"的大量增加,大幅降低了僧伽的素质。僧人素质的低落和佛教经济基础的严重破坏,则直接导致经忏的盛行。而经忏的盛行,促使僧伽注重利益,又直接致使佛教义学研究极为粗浅,甚至沦为鬼神思想。各寺院之间形同一盘散沙,缺乏必要的联系,使得佛教界更无组织可言。于是,佛教便走到了四面楚歌的困境。① 以本书为例,僧人的素质显然影响到寿圣庵的前途,由于住持谛松的"密室丑闻"曝光,导致他丧失了住持身分,再无资格代表寿圣庵诉讼,间接使得湖社赢得第一阶段的官司。此外,湖社文件也形容谛松,"引诱妇女,吸食鸦片,结识地痞","平时不法行为,实同匪类,既伤风化,又关治安,即以现在不待逮捕,竟先风闻,愈可见其党羽之众,消息之灵,亦非一寻常不守清规之僧徒可比。"②这些争议性形象,可能来自媒体的渲染和湖社的片面观点,但可能也包括了诸如僧人自律与他律失灵等历史因素。对于此点,柳立言根据若干宋代史料,做过一些深入分析,③其研究所列举的案例,某个程度上,与谛松的形象相当近似。

---

① 单侠:《略论晚清佛教式微诸因》,《五台山研究》2011年第1期,第18—20页。

② 《电分呈江苏省政府、上海特别市政府文(为撤退僧谛松回庵强行占住,请迅予严办由)》《呈上海特别市政府文(为呈报谛松逃避,请转令严缉讯办由)》,《湖社社基全案》,第15、22页。

③ 柳立言指出,僧人犯罪的原因包括戒律严苛、密宗法门、南禅非心、俗众助长等原因。他在《折狱龟鉴译注》《名公书判清明集》所归纳的僧人案例, (转下页)

惟谛松仍有一点最为不同,即他因受时风习染,竟也明白委任律师捍卫自身权益之道,此点在本书中将有所探讨。

晚清随着国门大开,西方宪政中心的司法独立原则,也逐渐传入中国。此一原则,在清末法制变革中,逐渐为先进知识分子和开明官员所认识与接纳。在清廷推动预备立宪的背景下,尽管司法独立原则与传统司法制度扞格不入,但终究取得了体制变革上的合法地位,成为清廷上下不得不遵循的"预备立宪"重要原则,更成为推动传统司法制度近代化转型的重要理论依据。[①] 民国肇立,《临时约法》确立行政、立法、司法三权分立原则,为了确保司法独立,乃明文规定"法官审判,不受上级官厅干涉"。至南京国民政府时期,即使以孙中山(1866—1925)的"五权宪法"理论进行法制建设,此一司法独立原则也未尝改变。不过,自该政府建立伊始,国民党以党治国的手段,使得最高立法权、司法权都掌握在党中央手里,导致司法权与行政权界线模糊,司法在实际运作上常受行政权干预。[②] 也就是说,在国民政府诉求"司法独立"的同时,另一个阻

(接上页)也具参考价值。详见柳立言:《色戒——宋僧与奸罪》,《法制史研究》第 12 期,2007 年 12 月,第 45—56 页、第 77—78 页;《红尘浪里难修行——宋僧犯罪原因初探》,《"中央研究院"历史语言研究所集刊》第 79 本第 4 分,2008 年 12 月,第 575—635 页。此外,柳立言在另一本新论著中,也将"士大夫作为治理者""士大夫作为排佛者和信仰者",视为影响涉案僧人审判的因素。参见《宋代的宗教、身分与司法》,北京,中华书局 2012 年版,第 88—138 页。

① 李俊:《论晚清"司法独立"原则的引进》,《福建论坛(人文社会科学版)》2008 年第 8 期,第 70、74 页。

② 张珉:《试论清末与民国时期的司法独立》,《安徽大学学报(哲学社会科学版)》第 28 卷第 3 期,第 84、86 页。

碍其实现的因素就是"司法党化"。据了解,在孙中山晚年,其"司法党化"思想不仅已臻成熟,更创立了广东法官学校,甚至运动司法人员入党。这对后来国民政府的法制建设,势必起了指导作用。① 故此一政治环境,对各类官司的判决,产生了关键性的影响,自然也为湖社在寿圣庵官司的胜诉,预设了决定性的前提。

1929年1月,南京国民政府颁布《寺庙管理条例》,其不少条文因袭了北洋政府在1921年5月公布的《修正管理寺庙条例》,由于颁布仓促,存在颇多问题,招致佛教界强烈反对。故6月上旬,内政部训令各省民政厅、南京市公安局转饬所属,此条例未经修正公布前,所有寺庙事项一律维持现状,停止处分暂缓施行。11月底,立法院第63次会议中,逐条讨论通过《监督寺庙条例》,并于12月7日公布实施,《寺庙管理条例》便明令废止了。② 惟尽管政府对寺庙保护有了明确的规定,僧道的自主权也明显提高,但"在宗教管理方面,有法不依、违法不究的现象相当严重。……往往是政府部门带头破坏自己制定的法律、法规。……受害的宗教界一方,往往处于弱势,上告无门,有冤无处诉。"③因此,纵使辛亥革命

① 李在全:《从党权政治角度看孙中山晚年的司法思想与实践》,《近代史研究》2012年第1期,第59,60—61页。
② 陈金龙:《民国〈寺庙管理条例〉的颁布与废止》,《法音》2008年第4期,第54—55页、第58页。此外,关于《寺庙管理条例》及《监督寺庙条例》的特点,请参考陈金龙,《南京国民政府时期的政教关系——以佛教为中心的考察》,中国社会科学出版社2011年版,第49—68页。
③ 郭华清:《南京国民政府的宗教管理政策论析》,《广州大学学报(社会科学版)》2007年第2期,第90页。

提倡自由平等、私人财产等新式观念深入人心，促使庙产问题渐次升级。民国政府初期为了因应此一形势，也制订了一系列针对庙产问题的法令，惟因前后抵触较多，虽将相关解决办法，纳入法制轨道，但对所有权的一系列争议和冲突，始终处于悬置状态，甚至让部分基层劣绅从中牟利。① 此外要说明的是，在湖社与寿圣庵僧人诉讼期间，适逢前述寺庙管理办法的变化之际，虽情势逐渐对僧道有利，但湖社仍一如所愿，其箇中原因为何？ 又是否与前述相关？本书各节有深入讨论。

最后，必须交代的是，寿圣庵事件发生的时空，是1920年代晚期的上海公共租界，在此处进行的土地交易，主要是以道契来确认租赁、买卖。在本书所探讨的寿圣庵管理权转移问题中，湖社与寿圣庵住持所争者即是道契义册第83、84号。据姚远研究，关于道契的由来，最早始于1845年上海道宫慕久与英国首任驻沪领事巴富尔所签订的《土地章程》。该章程第9条规定："商人租地建房以后，只准商人禀报不租、退还押租，不准原主任意退租，更不准再议加添租价。"此一规定其实就是对土地的永租，② 对承租人而言，除无买断之权外，几乎与买断无异，然终究不等同买断，中方并未放弃土地所有权。租地两造达成协议后，各自呈报所属官方机构备

① 刘扬：《试析辛亥革命以来国家对庙产问题的政策——以奉天省为例》，《社会科学战线》2012年第5期，第246页。
② 按《土地章程》公布生效后，中英双方复就契证制式、契文内容、发契手续等细节深入交涉。1847年9、10月间，双方关于租地规章细节谈判告一段落。此时颁发的租地道契契文，即明确标示"永远赁租"字样。参见周明伟、唐振常主编：《上海外事志》，上海社会科学院出版社1999年版，第142页。

案，将"认租、出租各契写立合同，呈验用印"，即是道契。[①] 然就实质效力来看，因道契经外国驻华单位注册认证，故作为外籍人士财产凭证的道契也就享有特权，不受中国法律的约束。持有者除了1500文固定年租外，不必另外向中国政府纳捐；加上道契四至明确，交割手段简便，遂成为上海金融市场中信用最好、流动率最强的信用工具。故一般中国业主、地产商人不惜冒用外国人名义取得道契，以便得到不同于内地的特别保障。如此一来，便衍生出一种"道契挂号"的特殊业务，亦即由外国公司、洋行受中国人委托代为申领道契，道契的署名是经办的外商，人称"挂号业主"，真正的业主则是委托代办的国人，即是"实际业主"。外商把挂名的道契交给委托人时，另出具一张权柄单，作为受托凭证。[②] 可见，寿圣

---

① 姚远：《上海公共租界特区法院研究》，博士学位论文，华东政法大学，2010年，第28页。又此一土地章程，后来曾数次增订，尤其1899年的修改，更重新修订租界的范围，参见同论文第28—29页。由于道契之申领，必须由代办洋商与原业主直接商订价格，原业主将执业田单、方单，交与外方，同时双方订立永租契约两张，并由当地保作证，再由代办外商把租地契约呈送领事馆。领事馆按规定格式以英文填好一式三份（法租界用法文书写），加盖领事馆印记，转送上海道台衙门核备。道台会同领事馆土地丈量员，确认租地事项和租地面积，如查明无误，由道台于契纸中文加盖关防，将一份道契归档，另两份送交领事馆。领事馆留存一份，另一份交给代办商。此三份契纸于右上角分别标明上、中、下，中契上海道台留存，上契交领事馆，下契给租地人。参见马长林：《上海的租界》，天津教育出版社2009年版，第9—10页。并请参见王立民、练育强主编：《上海租界土地"登记"之法理分析》，《上海租界法制研究》，法律出版社2011年版，第80—85页。
② 然而，需要注意的是，道契挂号是违反《租地章程》和租地契约本身的规定，是外国侨商依仗特权视章程规定于不顾的非法业务，扰乱了地政管理，逃漏了中国政府应收的契税。由于道契挂号后，私人移转手续简易，买卖双方只 （转下页）

庵道契之冠以"义册"之名,顾名思义,也就是外国代办业者向意大利领事馆所请领的土地契据。[①]

本书所依据的研究资料,主要有上海图书馆藏的《湖社社基全案》(参见附录一)和《建筑湖社社所暨英士纪念堂报告书》、上海档案馆藏《湖社委员会与处理寿圣庵委员会联席会议档案》(并见附录二)、台北国史馆藏《陈英士先生纪念堂兴建案》、另外还有《申报》《湖州月刊》等在线数据库资料。因寿圣庵事件构成的时空条件错综复杂,为了完整论述本专题起见,笔者采取了以下的进路:首章为绪论,略述寿圣庵事件发生的历史背景,主要包括佛教本身的式微、清末民初的司法变革、《寺庙管理条例》的影响、道契在产权转移中的角色等方面。第二章概述寿圣庵的由来、杨奎侯委托湖社保管道契、湖社与寿圣庵诉讼的经过及湖社对寿圣庵的善后,以期了解此一历时 4 年官司的来龙去脉。第三章透过双方的讼

(接上页)认单不认人,有的连调换权柄单的手续也不办,只在权柄单上背书过户,使已经名实不符的契证,更趋紊乱,而对于投机买卖却增加了方便的条件。详见陈文达主编:《上海房地产志》,上海社会科学院出版社 1999 年版,第186—187 页。此外,马长林也说,因道契隐含财富增值效益,史密斯、沙逊、哈同等一批外商投身房地产市场,千方百计地扩大租地,利用租界土地增值的趋势及道契的转让运作,牟取巨额利润。参见马长林:《上海的租界》,第 12 页。

① 按道契共分英册、美册、法册、德册、日册、俄册、义册、奥册、西洋册、日斯册、和册、比册、丹册、瑞士册、瑞典册、哪(挪)威册、瑞瑙册、巴西册、墨西哥册、华册。如欲参看义册第 83、84 号道契,请详见蔡育天主编:《上海道契——一八四七——九一一》第 30 卷,上海古籍出版社 1997 年版,第 230—232 页。惟此书所收的第 83、84 号道契,注册的年代与承租人,皆与本书指涉的当事人无关。又按意大利驻沪领事馆设于 1867 年,地址在静安寺路上,1902 年升格为总领事馆,二次大战期间暂时迁移。参见陈定山:《领事馆史话》,氏著:《春申旧闻续集》,台北,世界文物出版社 1971 年版,第 122 页。

状,分两阶段分析湖社与寿圣庵间的法律立场,以及法院判决的立论所在。前一阶段起迄时间是 1928 年 9 月到 1929 年 2 月,后一阶段自 1929 年 3 月到 1931 年 2 月止。第四章提出 3 点深入观察,除了探讨寿圣庵自身的管理问题外,也讨论了湖社对寿圣庵的两阶段处置;特别要说明的是,湖社两阶段的处置,在时间上基本符应前述两阶段的官司。第五章余论,除了提出总结性观点外,也针对寿圣庵事件的法制面有所讨论,并推测王一亭对寿圣庵的立场,并以国民政府利用灵谷寺庙产兴筑阵亡将士公墓一事对照寿圣庵事件。而在附录中,收录了《湖社社基全案目录》《处理寿圣庵各项账目》《各项总清》《寿圣精舍董事会简章》《陈公英士纪念堂董事会组织章程》《〈摘录筹建社所重要议案〉节录——民国二十一年一月至二十二年四月》(编按,即 1932 年 1 月到 1933 年 4 月)《捐助经募名册》全文。至于后记,则简述本书的撰述过程,并对修改补充的部分有所叙明。

第二章　事件原委

　　寿圣庵原址在上海市的北京路、贵州路交叉口,①由天台宗第卅九世僧今涌和尚创立,②惟此处开发较晚,清末仍十分偏僻。据《上海县续志》载:"寿圣庵在老闸南,咸丰末僧今涌结茅于此。同治十二年建大殿,始立庵名。光绪间,续有增建,共六进。"③今涌和尚的三传弟子谛明和尚(1892—1946)也说:"今涌和尚,初在寿圣庵比结茅屋数间,苦行修道。当时,该处一片荒凉,地价极

① 关于寿圣庵座落处,参见《致公共租界工部局总董函(为抄送管理寿圣庵规则并声明该庵性质及经过由)》《湖社辩诉状》,《湖社社基全案》,第 11、38 页。
② 按金涌和尚,为湖社文件的说法,谛明称今涌和尚,他是天台卅九世僧。详见《陈英士先生纪念堂兴建案》,"总统府"档案,台北"国史馆"藏,档号 001 - 014003 - 0004,第 0309 面。
③ 按此方志于 1918 年刊行,参见吴馨等修、姚文栴等纂:《上海县续志》第 4 册,台北,成文出版社 1970 年版,"杂记二・寺观",第 1715 页。关于寿圣庵之设立时间,《呈上海市政府文(为陈明寿圣庵设立原因及性质请免予登记由)》说是同治十一年(1872),但《同乡杨奎侯先生来函(为商请将寿圣庵住用之房屋基地单契交社保管由)》则谓同治十二年(1873)。由于杨奎侯提到的寿圣庵兴修时间,与《谛明显进等请确认所有权诉状》所言相同,故笔者主张应以同治十二年为准。以上分见《湖社社基全案》,第 5、1、44 页。

贱。……曾祖师惨淡经营，逐渐建设。"①自今涌以后，寿圣庵历经念岸、起证、谛传、显清、谛明、谛松等住持管理。② 据僧人说法，寿圣庵历任住持的传承，是依照禅门剃度派的惯例而来的；至于所有购地建屋经费，则是来自十方善信。③

至于寿圣庵之所以名为"庵"，而不称为"寺"，则与高客人有关。陈姜映清对高客人的形象，有以下生动描述：

> 寿圣庵为沪北名贵僧寺之一，不知其始祖，初非比丘僧而为营客人业之高姓妇。何谓客人？即送新嫁娘之喜嫔，浙属湖人呼之为客人，记者故亦以高客人名之尔。凡为客人者，大都春风满面，和蔼近人，利齿伶牙，工颦讪笑，方能胜任愉快。高客人天赋温柔，加人一等，旅沪湖商，子女婚嫁，非高客人为伴，往往相顾不欢，于是高客人齿愈增而巨室之相稔者愈众。渠既稍有积资，悲世界之恶浊，感人寿之无多，欲求出死入生，明心见性，非皈依佛教，殊未足以语此。出家之志愿定，建庵之思想起，莲花舌吐，别具广长，施主人多，众擎易□，不半载而地购焉。工兴焉，落成则以寿圣名斯庵，虽晚年落发，识字

---

① 详见《陈英士先生纪念堂兴建案》，台北"国史馆"藏，档号001—014003—0004，第0309面。

② 《谛明显进等请确认所有权诉状》，《湖社社基全案》，第44—45页。

③ 谛松、谛明两任住持都主张，寿圣庵购地建屋费用是来自各方的捐献，并非仅有湖州同乡而已。参见《谛松供词》《谛明显进等请确认所有权诉状》，《湖社社基全案》，第39、44—46页。

无多,而茹素看经,真诚自矢,若僧徒每叹弗如,倍加敬礼。后竟殁于庵,殡不用棺木,照僧例以两荷花缸对合,尸则坐其中。予幼年曾一度于该庵旁室中亲见之。[1]

　　陈姜映清竟以高客人为寿圣庵的创立者,足见高客人在旅沪湖州同乡中的声望。据湖社资料,高客人为湖州人,是今涌和尚的女弟子,曾向旅沪同乡筹募巨款建立了寿圣庵,[2]故她在上海湖州同乡的心目中,地位十分崇高。至于寿圣庵历任住持,则向由湖州同乡前辈黄佐卿(1839—1902)、郁梓楣、谢子楠(？—1912)、杨信之(1848—1923)等丝商择贤聘雇。数十年来,其财产庵务,均由上述诸先辈暨其后人管理。[3] 也因此,湖社人士认为,寿圣庵原本就是旅沪湖州同乡会的公产,在其管理权归属湖社时,自有权代表湖州同乡整顿庵务、处分庵产。

　　另一重要问题,则关涉到土地方面。按寿圣庵草创之初,并未购置土地,它是在扩展过程中,因信众的发心支持,渐渐才有充裕的经费,购买地皮并兴筑建物。根据僧人的说法,寿圣庵所在的土地于 1900 年买进,面积计有一亩九分余,此地皮转换来的道契,由

---

[1] 陈姜映清:《高客人》,《申报》第 20329 期,1929 年 10 月 26 日,第 22 版。

[2] 《同乡杨奎侯先生来函(为商请将寿圣庵住用之房屋基地单契交社保管由)》,《湖社社基全案》,第 1 页。

[3] 《同乡杨奎侯先生来函(为商请将寿圣庵住用之房屋基地单契交社保管由)》《致公共租界工部局总董函(为抄送管理寿圣庵规则并声明该庵性质及经过由)》,《湖社社基全案》,第 1、11—12 页。并见《湖社社基全案》,"姚印佛序",书前(下同)第 1 页。

起证和尚交泰康祥丝栈经理黄佐卿保管。① 至于道契为何交居士保管，据说是因倡禁寺庙之议起（一说因八国联军打天津，上海人心紊乱），第2任住持念岸和尚忧心寺产不保，乃将道契寄存于湖州人黄佐卿居士处。迨第3任住持起证和尚与黄居士先后谢世，道契乃寄存于杨信之居士家。② 杨信之过世后，其子杨奎侯以不便长由个人管理，将该庵道契转交湖社托管。③ 是时，湖社正值倡建社所之际，寿圣庵道契的到来，无疑地为社所的奠基，提供了绝佳的良机，但日后种种的法律争议，却也因此而起。

　　从地价因素来看，据沈辰宪研究，公共租界中区（今黄浦江以西、西藏路以东、吴淞江以南、延安路以北的区域）的地价，较诸北、东、西区都高。在中区之中，以南京路（俗称大马路）一线的区块，地皮最为值钱。如将南京路分为8段，可发现东西两侧的地价，随

① 《谛松供词》，《湖社社基全案》，第39页。
② 《谛明显进等请确认所有权诉状》，《湖社社基全案》，第44—45页。又当时《申报》也报导了谛松控告杨奎侯的官司："寿圣庵……道契，于清光绪廿六年，交与湖州旅沪同乡会董事王祖庆保管，缘是年各国联军打天津，上海人心紊乱，莠民遴起，我师恐乱事发作，道契散失，故托王祖庆保管。嗣王逝世，即由被告之父杨信之保管，当时王杨两董事，系任泰康祥丝号经理。年前杨信之作古，遂由被告（杨奎侯）保管。"如对照湖社文件，可知报导所说的"王祖庆"，其实便是"黄佐卿"，这显是口音之误。此外，谛松说光绪廿六年八国联军之际，寿圣庵道契转交居士管理，此说与湖社文件不同。详见《寿圣庵住持控湖社董事：请将寿圣庵道契交还，堂□两造先外出和解》，《申报》第19952期，1928年10月1日，第15版。
③ 杨信之于1923年过世，寿圣庵乃交由其子杨奎侯代管。1928年7月，杨奎侯将寿圣庵交给湖社托管。参见《致公共租界工部局总董函（为抄送管理寿圣庵规则并声明该庵性质及经过由）》《同乡杨奎侯先生来函（为商请将寿圣庵住用之房屋基地单契交社保管由）》，《湖社社基全案》，第11—12页、第1页。

时间而有变化。大体说来,在 1869 年间,最东边外滩到四川路一带的地价,为最西侧的贵州路到西藏路一带的 22 倍多。1874 年以后,上述两边的地价,相距约十倍。至 1933 年,两侧相差已不到一倍。可见,南京路一线的地价涨幅趋势,是西边慢慢高涨,而几与东侧分庭抗礼。如单就此线最西侧地块审视,1869 年每亩平均仅 232 两;但到了 1933 年,则增为 18.34 万两,亦即增加了 79 倍有余。[①] 但在这个区块北侧不远处,亦即寿圣庵所在地的北京路(俗称后马路)、贵州路交叉口,地价却相对廉价的多。据工部局估价,1920 年代晚期,寿圣庵的地皮每亩值洋 5 万元,[②] 亦即约合银3.5 万两。[③] 这也就是说,1930 年代前期南京路最西侧地段的平

---

① 沈辰宪:《南京路房地产的历史》,收入中国人民政治协商会议上海市委员会文史资料委员会编,《旧上海的房地产经营》,上海人民出版社 1990 年版,第 64 辑,第 24—25 页。

② 《谛松供词》,《湖社社基全案》,第 39 页。

③ 据陈存仁回忆,每个银元由 7 钱 3 分白银铸成,库秤为 7 钱 2 分。在民国时期的上海,鹰洋(墨西哥银元)、龙洋(光绪年间铸造的银元)与袁大头(袁世凯秉政时期铸造)是等价使用的。参见陈存仁:《银元时代生活史》,广西师范大学出版社 2007 年版,第 3—4 页。至于为何以 1 银元等同 7 钱 2 分,主要是基于市场交易的习惯,以致于张之洞任职两广总督期间,听从汇丰银行的建议,把银元的重量重库平 7 钱 2 分,并得朝廷批准铸造。不过,当时也有财政专家提出中国应发行平库一两银币的想法,但受到客观环境的限制,此议在清末终究无法落实。参见段艳:《晚清自铸银元说》,《商业文化》2018 年第 28 期,第 17 页;段艳:《清末银元单位问题的争论》,《北方论丛》2019 年第 1 期,第 72—74 页。随着国币的发行,原本流通甚广的鹰洋,在主客观因素的交互作用下,最终归于停用。关于此点,可参考陆仰渊:《银元在民国时期的流通》,《民国春秋》1995 年第 3 期,第 8—10 及第 19 页;张宁:《墨西哥银元在中国的流通》,《中国钱币》2003 年第 4 期,第 26—30 页;邹晓升:《银元主币流通与上海洋厘行市的更替》,《历史月刊》2006 年第 8 期,第 36—42 页。

均价格,等于是 1920 年代晚期北京路最西侧地段寿圣庵地皮的5.24 倍,但这两处不过相距两、三条街之遥。对照地图来看,寿圣庵北邻厦门路的西牢(英国在华高等法院监狱,该址现为上海市排水管理处)不远。① 推测可能由于这个因素,导致该庵的地皮价格,远远落后于邻近南京路西段的均价。但正因为如此,寿圣庵所在的北京路西段,其增值潜力是不言而喻的。据此看来,寿圣庵僧众与居士之间,为了两张道契争得你死我活,其土地所象征的倍增价值,恐怕也是心照不宣的原因吧!

杨奎侯(泰颐,1889—?),出身于绅商家庭,其父杨信之,是上海著名实业家。按杨信之,名兆鳌,原籍菱湖,居湖州马军巷,少时赴上海,曾做过学徒、银行员、洋行买办、丝通事。光绪十五年(1889)创延昌恒丝厂,继又创办两丝厂,为江浙皖丝业巨擘,历任上海总商会董事、湖州会馆总董、旅沪湖州同乡会总董数十年。后投资铁路,参加保路运动,资助同盟会。民国成立,受聘为农商部顾问,授二级嘉禾勋章,卒葬湖州城南道场滨。② 杨信之之弟杨谱笙,同样也是著名的革命家、政治家。他们有一非常著名的表姪陈英士(1878—1916),年轻时曾在康泰祥丝栈当学徒(负责人为杨信之),他在因缘际会之下,结识了上海爱国女学校长蔡元培(1868—1940)、于右任(1879—1964)、张静江等革命党员,后来竟促成杨信

---

① 张伟等编著:《老上海地图》,上海画报出版社 2001 年版,第 22 页。
② 嵇发根主编:《湖州市志 1991—2005》下,方志出版社 2012 年版,"前志补遗",第 2631 页。

之、杨谱笙思想的转变。后来,杨信之更资助陈英士留日,赞助同盟会活动经费。[1] 因此,在亲属排行上,杨奎侯可说与陈英士同辈;在革命事业上,杨家与陈家关系,也同样密切。至于杨奎侯,他本人是接受西式教育的新知识分子,毕业于上海圣约翰大学,曾自费留美,赴哥伦比亚大学学习经济和法律,于 1913 年取得硕士。后入纽约大学习商,为美国经济学会及社会学会会员,1916 年返国执业。他曾创办上海丝茧交易所,并任荷兰安达银行上海分行买办一职。[2]

湖社成立之初,因在上海尚无固定的办公地点,曾在北浙江路信昌里旅沪湖州公学设立联络处。[3] 为求长远发展起见,湖社在 1926 年 4 月、5 月间,除了正式提出筹建设所案外,也推定了筹建

---

[1] 据说,陈英士自日本返国后,在杨谱笙的安排下,以旅沪湖州公学教员的身分为掩护,从事反清活动。而杨信之与杨谱笙甚至把自己的寓所与旅沪湖州公学,作为中部同盟会的秘密联络机关,并且提供活动经费,为革命做过很大贡献。参见《旅沪湖州公学与同盟会中部总会》,收入李学功、徐育雄主编:《辛亥风云 民国岁月:湖州与近代中国》,中国社会科学出版社 2011 年版,第 16 页;徐重庆:《爱国实业家杨信之》,湖州市陈英士研究会编:《陈英士研究文集——纪念辛亥革命九十周年》,内参 2001 年版,第 219 页。

[2] 按杨奎侯于 1909 年夏取得文学士资格。详上海圣约翰大学校史编辑委员会组编,徐以骅主编:《上海圣约翰大学 1879—1952》,上海人民出版社 2009 年版,"第四部分·游美同学录",第 449 页。

[3] 1930 年间,湖社已在北浙江路信昌里 827 号办公。参见《重要文电汇录:寿圣庵前住持僧谛松与本社涉讼之判决书:上海租界临时法院民事判决》,《湖州月刊》第 3 卷第 7 号,1930 年,第 65 页。另有一则资料说,湖社在 1927 年进驻北浙江路信昌里据点(旅沪湖州公学)办公前,还曾于辣斐德路(今复兴中路)福康里 1 号设临时通讯处,旋即迁新北门大康里,后迁至圣母院路(今瑞金一路)庆顺里 9 号。参见刘明波主编:《从苕溪到黄浦江——话说湖州上海两地之缘》,经济日报出版社 2007 年版,第 80 页。

计划的成员。① 1927 年 8 月，湖社在临时会中，议决社所地点，先洽金神父路或要西爱咸斯路两处，并登报征求其他相宜者。② 1928 年 7 月、8 月，在湖社的两次会议中，杨奎侯不仅强烈表达将寿圣庵道契两纸送交湖社保管的意愿，甚至去函附上寿圣庵住用房屋的道契两张、权柄单两张。③ 是时，湖社也相应地组成了"处理寿圣庵委员会"，正式对寿圣庵进行接管。④ 但当湖社对上海市政府陈明寿圣庵为同乡公产，请免予向社会局行寺庙登记后，寿圣庵与湖社的冲突遂迅即升高，主因在于两造对庵堂的定位不同。

在杨奎侯主动将寿圣庵道契寄送湖社托管后，湖社郑重其事地将道契寄存于四行准备库的保险箱中。⑤ 因此，湖社仍旧尊重

---

① 《摘录筹建社所重要议案》，《建筑湖社社所暨英士纪念堂报告书》，湖社 1933 年版，上海图书馆藏，第 77 页。

② 此次会议（1927 年 8 月 14 日，第 4 届临时会）还提到了会所的适合地点，包括了"东自东新桥起，西至亚尔倍路，北至福煦路，南至环龙路二亩左右空地"，参见《摘录筹建社所重要议案》，《建筑湖社社所暨英士纪念堂报告书》，第 79 页。

③ 《摘录筹建社所重要议案》，《建筑湖社社所暨英士纪念堂报告书》，第 80—81 页；《同乡杨奎侯先生来函（为商请将寿圣庵住用之房屋基地单契交社保管由）》《致杨奎侯先生函（为收到寿圣庵住用之房屋基地单契并知照组织处理寿圣庵委员会由）》，《湖社社基全案》，第 1 页、第 3 页。

④ 《摘录筹建社所重要议案》，《建筑湖社社所暨英士纪念堂报告书》，第 80—81 页；《民国十七年七月七日第五届第四次湖社委员会纪录节要》（编按：即 1928 年 7 月 7 日），《湖社社基全案》，第 2 页。

⑤ 1928 年 7 月 29 日，湖社在第 5 届第 1 次临时会中，议决向四行准备库租定保险箱，请处理寿圣庵委员会负责寄存。参见《摘录筹建社所重要议案》，《建筑湖社社所暨英士纪念堂报告书》，第 81 页。并见《致杨奎侯先生函（为收到寿圣庵住用之房屋基地单契并知照组织处理寿圣庵委员会由）》，《湖社社基全案》，第 4 页。

现况,延聘时任住持的谛松继续管理寿圣庵。[①] 此事当时已受到舆论关注,如第 245 号《福尔摩斯报》、第 519 号《金刚钻报》与《琼报》都有相关报导。[②] 是时,上海市社会局公告寺庙登记,故庙产所有权转移一事,让谛松十分恼火。很快地,在 1928 年 9 月间,谛松延请律师主动告发杨奎侯,谓其企图吞并市值外银八万余两的庵产。上海临时法院本期盼双方庭外和解,但后来仍上演续集。[③]当时,杨奎侯已受聘为"处理寿圣庵委员会"特聘委员,[④]有湖社作为强有力的后盾。于是,这场由谛松对杨奎侯的官司,后来演成继任住持谛明对杨奎侯与湖社的官司。然衡诸湖社成员的社经地位,寿圣庵僧人在这场官司中,早已注定失败的命运。

本来,寻觅社所建地和处理寿圣庵,是两件不相干的事务;而寿圣庵与湖社的官司,也仅止于管理权之争,但后来竟与建筑社所

① 《摘录筹建社所重要议案》,《建筑湖社社所暨英士纪念堂报告书》,第 81 页;《致寿圣庵僧谛松函(为仍续继雇为住持由)》,《湖社社基全案》,第 5 页。
② 此事未见诸《湖社社基全案》、《建筑湖社社所暨英士纪念堂报告书》,但记载于 1928 年 8 月 13 日的湖社会议纪录(未注明第几届第几次,推测可能是第五届第二次临时会),在报告事项中提到:"第二四五号《福尔摩斯报》再登寿圣庵事,记载不实,已托姚肇第律师去函更正。"参见《委员会与处理寿圣庵委员会联席会议》,上海档案馆藏,档号 Q165—1—14。至于《琼报》刊载寿圣庵产权转移一事,见于《第五届第六次委员会、处理寿圣庵委员会联席会议》,上海档案馆藏,档号 Q165—1—14。
③ 《寿圣庵住持控湖社董事:请将寿圣庵道契交还,堂□两造先外出和解》,《申报》第 19952 期,1928 年 10 月 1 日,第 15 版。又同年 9 月 3 日,《申报》刊登的《上海临时法院》公告说:"谛松请求□处分由状希仰提供保证金五百元候核",推测应是为了与杨奎侯间的官司。参见《上海临时法院》,《申报》第 19933 期,1928 年 9 月 12 日,第 16 版。
④ 《筹建社所重要议案》,《建筑湖社社所暨英士纪念堂报告书》,第 81 页。

关联起来。何以如此呢？其最初原因，在于谛松的素行不良。其实，早在官司发生的三年多前，寿圣庵僧人便曾发动集体罢课、停止经忏事件，主因是当家谛松迳行减折工资，自令去留，致使僧人权益受损，但经过协调，后来勉强解决。[①] 于此可见，寿圣庵内部的管理，原本即存在着不少问题。湖社接管寿圣庵后不久，除了谛松与杨奎侯间的官司外，庵内僧人亦趁势将对谛松的不满，列举十大罪状诉诸湖社，"伏望急早除此败，无任翘盼之至。"[②]湖社认为事态严重，且发现谛松亏款甚巨，[③]遂于1928年12月，呈上海特别市政府、江苏省政府备案斥退谛松，[④]同时拟具"管理寿圣庵规则"6条，[⑤]并致公共租界工部局总董说明。[⑥] 1929年3月，正式议决撤换谛松，改以谛明接任住持。[⑦] 讵料，谛松心有未甘，不愿移交

① 《寿圣庵和尚龃龉之经过》，《申报》第18786期，1925年6月19日，第16版。

② 《寿圣庵僧众报告书（为举发谛松不法请求撤换住持由）》，《湖社社基全案》，第8页。

③ 湖社于1929年1月5日的第10次委员会中，讨论了寿圣庵不敷经费案。另，在同年3月2日的第12次委员会中，特聘委员赵赐琛报告，寿圣庵住持谛松亏款甚巨，将所有收入概行私自取用，不肯交卸庵务云云。详见《筹建社所重要议案》，《建筑湖社社所暨英士纪念堂报告书》，第82—83页。

④ 《呈上海特别市政府文（为呈报撤退原住持谛松并录送管理寿圣庵规则请准备案由）》《呈江苏省政府文（为沥陈寿圣庵设立原因并撤退谛松请转令谕饬出庵由）》，《湖社社基全案》，第8—9页、第10—11页。

⑤ 这六条管理规则，参见《呈上海特别市政府文（为呈报撤退原住持谛松并录送管理寿圣庵规则请准备案由）》，《湖社社基全案》，第9页。

⑥ 《致公共租界工部局总董函（为抄送管理寿圣庵规则并声明该庵性质及经过由）》，《湖社社基全案》，第11—12页。

⑦ 《筹建社所重要议案》，《建筑湖社社所暨英士纪念堂报告书》，第83页；《社务报告（自十七年十一月至十八年五月）：第五届委员会第十二次常会、湖社处理寿圣庵委员会联席会议纪录》，《湖州月刊》第3卷第7号，1930年，第84页。

职务,遂与谛明等人发生冲突。① 谛松遭斥逐后,虽曾短暂返庵顽强占据,但终究不敌公权力,只得狼狈出逃。②

湖社为寿圣庵驱逐了"劣僧",本是人心称快的好事,而谛明的到任,僧人们也期待他能为寿圣庵带来新气象。但是,湖社核心人物却认为,既然已经接管了寿圣庵,自有权任意处置庵产;于是,原先的购地计划更改了,核心成员议决利用寿圣庵基地建筑社所。1929 年 5 月 4 日,在第 5 届第 14 次委员会中,"处理寿圣庵委员会"提议建筑社所办法案;陈果夫委员也正式提案,在社所内建立先烈陈公英士纪念堂,并呈请国民政府补助建筑英士纪念堂经费,

① 在 3 月间的一则官司报导中,提到了谛松把持庵中事务,不愿移交给谛明的情节。参见《寿圣庵中有密室乎? 铜床香水香粉等俱备,朱斯蒂律师言之凿凿,谛松和尚均一律否认》,《申报》第 20122 期,1929 年 3 月 30 日,第 15 版。

② 1929 年 5 月 4 日,谛松在律师的陪同下,返回寿圣庵,驱逐谛明,强行占住,唯最后仍遭有关单位驱离。参见《寿圣庵仍由谛明住持,前住持谛松已遵□离庵》,《申报》第 20197 期,1929 年 6 月 15 日,第 16 版;并详见《电分呈江苏省政府、上海特别市政府文(为撤退僧谛松回庵强行占住,请迅予严办由)》《江苏省政府委员会来函(为准歌电请转令拘办谛松由)》《奉上海特别市政府指令第五九三号令湖社委员会委员陈其采等为代电请咨行临时法院等协复寿圣庵前住持谛松到案严办由》《奉上海特别市市政府训令(为准上海市党部函请封闭寿圣庵严办住持以维风纪由)》《呈上海特别市政府文(为呈复奉令整顿寿圣庵并请俯照歌电迅予施行由)》《致上海公共租界临时法院函(为请迅即谕令谛松即日出庵由)》《致上海公共租界工部局总巡函(为请饬警驱逐谛松由)》《江苏省政府委员会来函(为转令严行拘捕谛松讯办由)》《上海公共租界临时法院来函(为已谕饬谛松出庵由)》《呈上海特别市政府文(为呈报谛松逃避,请转令严缉讯办由)》《致上海公共租界临时法院函(为通知据报谛松业已潜逃由)》《奉上海特别市政府批第一八二号,原呈人湖社委员会常务委员钱新之等呈一件为请转令严缉匪僧谛松到案惩办由》,《湖社社基全案》,第 15—18 页、第 20—23 页。此外,亦请参见《筹建社所重要议案》,《建筑湖社社所暨英士纪念堂报告书》,第 83—84 页。

得到 17 位湖社成员的共同联署。^① 不久,国府即批准此案,并蒙财政部拨款 5 万元补助。^② 有了中枢的背书,湖社更打铁趁热,由湖州会馆董事在北山西路茧业公所召开同乡大会,通过了寿圣庵迁移湖州会馆,于原址建筑社所的决议。^③ 要之,以上皆是湖社对其管理权的展现,但却有违佛教惯例。惟湖社之驱逐劣僧谛松,至少在当时是符合舆情公议的,故谛明接替住持之初,颇有意愿与湖社合作。但自改建消息传出后,他即以寿圣庵所托非人为由,挺身而出同湖社抗争。谛明在 1930 年 1 月的诉状中指出,寿圣庵基地捐款来自十方信众,固非湖帮所独建有,何况施主对于已施舍的资

① 《民国十八年五月四日第五届第十四次湖社委员会纪录节要》(编按:即 1929年 5 月 4 日)《呈国民政府文(为呈请循案筹建先烈陈公英士纪念堂并请拨款补助由)》,《湖社社基全案》,第 15 页、第 18—19 页;《摘录筹建社所重要议案》,《建筑湖社社所暨英士纪念堂报告书》,第 83 页。此外,在湖社建请政府拨款筹建英士纪念堂的公文方面,可参看《陈英士先生纪念堂兴建案》,台北"国史馆"藏,档号 001—014003—0004,第 0273—0282,—0285—0286 面。其中,《湖社社基全案》所载之《呈国民政府文(为呈请循案筹建先烈陈公英士纪念堂并请拨款补助由)》一文,是 1929 年 5 月 4 日第 5 届第 14 次委员会中,议决推定陈蔼士、沈田莘、潘公展起草的,后署时间为 5 月,署名者未具。但《陈英士先生纪念堂兴建案》专档中的相同呈文,后署的时间是 6 月,署名者计有陈其采、张人杰、杨谱笙、陈果夫、陈立夫、潘公展、沈延祥、沈阶升、周由廑、周越然、严濬宣、凌颂如、张廷谳、陈希曾、王震(即王一亭)、钱永铭、沈泽春。详见《陈英士先生纪念堂兴建案》,档号 001—014003—0004,第 0274—0280 面。
② 《国民政府文官处来函(为奉主席交下据呈筑建英士纪念堂并请拨款补助由)》,《湖社社基全案》,第 20 页;《摘录筹建社所重要议案》,《建筑湖社社所暨英士纪念堂报告书》,第 84 页。
③ 《民国十八年七月七日湖州旅沪同乡会纪录节要(为处置寿圣庵案)》(编按:即 1929 年 7 月 7 日),《湖社社基全案》,第 20 页;《大事摘记》,《建筑湖社社所暨英士纪念堂报告书》,第 75 页。

产,只能监督,不能处分。即使晚近住持贤愚互见,"但既已出庵卸任,断不能指一般僧众,尽为不修清规之徒,将数十年具有悠久历史之剃度派寺庙,一举而强夺之,非特法律上毫无根据,抑亦违背约法上宗教自由之原则。况查该被告原呈,亦自认管有,而非所有;被告既无所有权,于法自不能任意朦请政府,改建英士堂,侵权违法,莫此为甚。被告恶意侵害原告所有物,已彰彰明甚,违反寄托之初意,自无继续代管之可能。……"[1]不甘权益受损的谛明,这时试图提起行政救济,上书国民政府请求令知行政院,转行江苏省政府、上海特别市政府、上海临时法院,停止执行迁移令,但此举终究动摇不了中央的既定立场。[2]

由于官方迭令迁徙,[3]随着大限的迫近,寿圣庵僧侣终于按捺不住,要抛头露面挺身捍卫自身权益。1930 年 3 月 24 日这天,全体僧众百数十人手持抗议标语,在谛明、茂林与法乘的率领下,游

---

① 《谛明显进等请确认所有权诉状》,《湖社社基全案》,第 45—46 页。
② 另一内容与《谛明显进等请确认所有权诉状》相当但篇幅较多的陈情书,大约也在这时(后署一月廿日)送进了国民政府,详见《陈英士先生纪念堂兴建案》,档号 001—014003—0004,第 0306—0314 面。然而,国府认为此事既已核准在案,自不宜节外生枝,故下令"应无庸议"。参见《陈英士先生纪念堂兴建案》,档号 001—014003—0004,第 0315—0317、0319—0322 面。到了二月上旬,一则国府催促湖社建筑英士纪念堂的新闻,促使谛明再度上书,续请转令停止执行迁移令,并期待是月廿四日的开庭,能得到公正的裁判。参见《令催湖社兴筑英士纪念堂》,《申报》第 20424 期,1930 年 2 月 7 日,第 14 版;《陈英士先生纪念堂兴建案》,档号 001—014003—0004,第 0324—0333 面。
③ 《院令饬知勒限办理寿圣庵改建英士纪念堂》,《江苏省政府公报》1930 年第 330 期,第 12 页。

行至临时法院上交呈情书,一时颇引人侧目。① 惟请愿者并未得谒法院院长,只能将呈文留于收发处。由于谛明等人认为,此事乃因杨奎侯擅将道契交托湖社所引起,故追本溯源,仍须要求杨氏设法,遂特诣杨宅交涉,但亦无何结果。② 4 月 5 日,上海特别市执行委员会举行第 3 次议会,三区党部呈文请求,应没收寿圣庵庙产兴建英士纪念堂,并设办劳工学校。③ 是以,当时寿圣庵的处境,获得了佛教界友人的声援。在 5 月 25 日的第 2 次佛教徒代表会上,明道和尚正式提案,呈请政府制止湖社图占寿圣庵房屋,希冀"勿启摧残宗教之端,毋遗烈士泉壤之羞,物归原主,以保产权。"④ 巧合的是,在同日的会议上,却非和尚提出了《任免住持应确立办法提议案》,认为寺院住持之交替,应该订定一致标准,以防品行恶劣不肖之徒,执掌住持名器而滋流弊,请大会议定办法,并呈内政部核准办理。⑤ 提案人虽未明指谛松不守清规,出席者大概都心知肚明。因为,在 1929 年 3、4 月间,谛松因为一件受伤官司,意外揭

---

① 《寿圣庵之和尚请愿团,寿圣庵限今日迁让,百(原作白,迳改)余和尚大起恐慌,整队持香□行请愿,临时法院昨日奇观》,《申报》第 20470 期,1930 年 3 月 25 日,第 15 版。

② 《寿圣庵尚未迁让》,《申报》第 20472 期,1930 年 3 月 27 日,第 16 版。

③ 《市执委会常会记第三次》,《申报》第 20482 期,1930 年 4 月 6 日,第 13 版。

④ 《呈请政府制止湖社图占寿圣庵房屋》,此文原出自《法海波澜》1930 年第 5 期,兹收录在黄夏年主编:《民国佛教文献集成》第 46 卷,全国图书馆文献缩微复制中心 2006 年版,第 101—102 页。

⑤ 《任免住持应确立办法提议案》,此文原出自《法海波澜》1930 年第 5 期,兹收录在《民国佛教文献集成》第 46 卷,第 102 页。

露了在寿圣庵"私筑密室"的隐情。① 消息很快传遍了上海，一时间舆论汹汹，甚且传为笑谈，连第三区党部都有"请严办寿圣庵住持，并将该庵全部产业没收充作教育经费案，(议决)函市政府"之请。② 很快地，上海市政府便做出"训令湖社整顿寿圣庵"的指示。③ 所以，前述"任免住持案"的提出，代表着佛教界的一种自省。值得注意的是，在这次的佛教徒大会上，主席团成员包括仁山法师(1887—1951)、明道法师(？—1932)、王一亭居士〔徐平轩(1890—1967)居士代〕，由赵朴初(1907—2000)担任记录。王一亭是颇孚众望的湖州籍佛教居士，又是湖社的骨干和著名的慈善家、实业家，重要的是，他与国民政府渊源甚深。④ 然而，王一亭并未亲临此一盛会，⑤恐怕是因际此寿圣庵产权变更的敏感时刻，贸然

---

① 详见《寿圣庵中有密室乎？ 铜床香水香粉等俱备，朱斯荪律师言之凿凿，谛松和尚均一律否认》，《申报》第 20122 期，1929 年 3 月 30 日，第 15 版；《寿圣庵讼案昨又审讯，庵内密室业已封锁，三僧陈述被诬情形》，《申报》第 20142 期，1929 年 4 月 19 日，第 15 版。

② 《市执委会第十九常会记次，通过整顿区分部计划大纲，议决声援浙江省党部办法》，《申报》第 20162 期，1929 年 5 月 9 日，第 13 版。

③ 《市政府训令湖社整顿寿圣庵》，《申报》第 20161 期，1929 年 5 月 8 日，第 14 版。同见《奉上海特别市市政府训令(为准上海特别市党部函请封闭寿圣庵严办住持以维风纪由)》，《湖社社基全案》，第 16—17 页。

④ 对王一亭的研究，在单篇论文方面，可参考康豹(Paul Katz)著，刘永中译：《一个著名上海商人与慈善家的宗教生活：王一亭》，巫仁恕、康豹、林美莉主编：《从城市看中国的现代性》，台北，"中央研究院"近代史研究所 2010 年版，第 275—296 页。在专书方面，参考王中秀编著：《王一亭年谱长编》，上海书画出版社 2010 年版；陈祖恩、李华兴：《白龙山人：王一亭传》，上海辞书出版社 2007 年版；沈文泉：《海上奇人王一亭》，中国社会科学出版社 2011 年版。

⑤ 依《呈请政府制止湖社图占寿圣庵房屋》此一文件可知，在 5 月 25 日(转下页)

出席，立场将十分尴尬吧！但由此可见，湖社片面变更寿圣庵的产权，令佛教界相当不以为然。

因呈请拨款补助建筑英士纪念堂一案已获批准，且政府对此事早存定见，企盼此事尽快落实。因此，湖社一方面动用行政资源，请公安局缉捕谛松到案，又分呈江苏省政府、上海特别市政府，着手变更寿圣庵之公产作用，以为建筑湖社社所做最后准备；①一方面请"处理寿圣庵委员会"速办道契过户，同时采取司法途径，函上海公共租界临时法院、江苏上海特区地方法院，谕请谛明限期遵案迁移。② 到了 1930 年 4 月中旬，湖社更函请上海地方法院克日

（接上页）的全国佛教徒代表会上，主席团成员有仁山法师、明道法师、王一亭居士（徐平轩居士代），由赵朴初担任记录。详见《民国佛教文献集成》第 46 卷，第 101—102 页。然而，在王中秀编著的《王一亭年谱长编》中，虽也提到了此次会议，但仅说王一亭"为主席团成员"，并未提及王缺席此会。参见王中秀编著：《王一亭年谱长编》，第 517 页。

① 《摘录筹建社所重要议案》，《建筑湖社社所暨英士纪念堂报告书》，第 85—86 页；《分呈江苏省政府、上海特别市市政府文（为变更公产作用请准备案由）》《奉江苏省政府批第一八三四号，原具呈人湖社委员会主任委员陈其采等呈一件（为变更公产作用以应代需求恳俯赐备案转行查照由）》《奉上海特别市市政府批第二九五号，原具呈人湖社委员会主任委员陈其采等呈一件（为拟将寿圣庵屋基，改建湖社，并筑英士纪念堂，恳准备案，并请转咨公共租界临时法院查照由）》，《湖社社基全案》，第 23—25 页。

② 《摘录筹建社所重要议案》，《建筑湖社社所暨英士纪念堂报告书》，第 86 页；《致上海公共租界临时法院函（为请谕令寿圣庵住持谛明遵案迁移由）》《分呈江苏省政府、上海特别市政府文（为请转令、咨临时法院谕饬寿圣庵僧日迁移由）》《奉江苏省政府第二七三一号，原具呈人湖社委员会主任委员陈其采等呈一件（请令临时法院谕饬寿圣庵住持谛明等即日迁移以便兴工由）》《呈国民政府文（为请分令转饬法院谕令寿圣庵僧即日迁移由）》《国民政府文官处来函（为奉主席交下据呈请分令转饬法院谕令寿圣庵僧即日迁移由）》《国民政府文官处公函（为准行政院函知已分令转饬法院谕令寿圣庵僧即日迁移由）》《奉上（转下页）

将 寿圣庵发封,[①]并议决寿圣庵佛像迁移湖州会馆;[③]4月底,决议拆卸寿圣庵大殿,以便在5月18日,亦即陈英士殉国纪念日,顺利举行社所奠基典礼。[③] 至此,寿圣庵事件便告一段落,湖社与僧人的司法较量,再度得到了胜利。[④] 然而,这次湖社对僧人的官司,难免予人"藉助于政治势力"的观感,[⑤]即使在湖州同乡之间,对此

(接上页)海特别市市政府训令(为催令建筑英士纪念堂由)《致上海公共租界临时法院函(为催请勒令寿圣庵僧即迁由)》《江苏省政府委员会来函(为已令法院勒令寿圣庵迁让由)》《致上海公共租界临时法院函(为再催迅令寿圣庵即日迁让由)》、《致上海公共租界工部局总巡函(为请饬捕协助严令寿圣庵僧迁让由)》,《湖社社基全案》,第25—32。按《国民政府文官处公函(为准行政院函知已分令转饬法院谕令寿圣庵僧即日迁移由)》一文,亦见于平面媒体,惟内容稍微简略,参见《寿圣庵改建英士堂》,《申报》第20389期,1929年12月25日,第15版。此外,相关公函,尚可见诸《陈英士先生纪念堂兴建案》,档号001—014003—0004,第0289—0295、0298—0301、0303—0304面。

① 《致上海公共租界临时法院函(为请将寿圣庵发封由)》《致上海公共租界临时法院函(为请迅予饬警驱逐寿圣庵僧徒并将房屋封闭由)》《致江苏上海特区地方法院函(为定期奠基请即勒令寿圣庵僧徒迁走由)》《江苏上海特区地方法院公函(为已派警勒令寿圣庵僧徒迁让并予查封由)》《湖社社基全案》,第32—35页。

② 《摘录筹建社所重要议案》,《建筑湖社社所暨英士纪念堂报告书》,第87页。

③ 详见《摘录筹建社所重要议案》,《建筑湖社社所暨英士纪念堂报告书》,第88页;《五一八与陈英士,英士纪念塔开工,英士堂奠基典礼》,《申报》第20523期,1930年5月18日,第13版。并见《陈英士先生纪念堂兴建案》,档号001—014003—0004,第0334—0337、0339—0341面。

④ 1930年9月,江苏高等法院第二分院驳回针对18年2月5日第一审判决所提起的上诉,第二审讼费由上诉人(谛明)负担。参见《江苏高等法院第二分院判决书》,《湖社社基全案》,第47—49页。又,1931年2月,江苏上海特区地方法院驳斥原告之诉,讼费由原告(谛明)负担。参见《江苏上海特区地方法院判决书》,《湖社社基全案》,第49—50页。

⑤ 1929年2月,上海临时法院开庭,湖社辩护律师认为,"原告(谛松)律师所言,湖社乃达官贵人组织,欲凭借政治势力,干涉司法等语,实非确论。"(转下页)

事也有不同的看法。①

　　为了达到以原址建筑社所的目的，同时也为了兼顾内外形象起见，湖社势必要对寿圣庵作一妥善安排。于是，在1929年6月的第6届执监委员会中，湖社正式推派王一亭与湖州会馆董事讨论寿圣庵迁移事；②是年7月，事情有了很大的进展。先是，在王一亭的接洽下，湖州会馆董事召集了同乡大会，讨论寿圣庵佛像移

（接上页）参见《寿圣庵之产权问题，讼案辩论终结定期宣判》，《申报》第20075期，1929年2月4日，第15版。3月，谛松的上诉状指出："湖社委员张静江、陈果夫、钱新之、陈立夫、戴季陶、潘公展、陈其采等……，数公皆党国要人，而为湖人之特着闻望者。"参见《谛松的上诉状》，《湖社社基全案》，第43页。1930年2月，谛松的代理律师在法院上供称，"伏思湖社……欲假政治势力，处分寺产，自是别有用意，故不得不请求法律保障，……"参见《寿圣庵住持又控争道契，无力缴纳巨款讼费，请求另具相当保证》，《申报》第20443期，1930年2月26日，第15版。谛明在请求确认所有权的诉状中提到："……后辈误认原告庵产为湖帮所捐建，藉政治威力，任意处分，实负当日先祖师等付托之初心。"详见《谛明显进等请确认所有权诉状》，《湖社社基全案》，第44—46页。而他在陈情书上也说："钧府高唱法治，撤废领事裁判权之际，倘不顾威信，藉行政势力蹂躏人民权利，非特无以取信于中外人民，将何以解于悠悠之口？"参见《陈英士先生纪念堂兴建案》，档号001—014003—0004，第0325—0327、0329—0330面。由以上可见，僧人对湖社不无"以权谋私"的疑虑。

① 周由廑说，有人主张湖社何不另觅适当地点建筑？此为同情寿圣庵者，或称旧派。也有人认为，寿圣庵既可迁出，为何还要迁回？此为反对僧徒者，或称新派。以周个人意见，将来在寿圣庵中，最好能有道行深透的名僧，开堂讲经，罗致一般居士，共参涅槃，方有光于湖社。如杂以商业行为，如今之租开庙店者，对在上海的湖州人来说，又何必重视此寿圣庵？足见，此事在湖州同乡之间，存有不同的意见。参见周由廑：《理想中今后之寿圣庵》，《湖州月刊》第4卷第3号，1931年，第22—23页。

② 《摘录筹建社所重要议案》，《建筑湖社社所暨英士纪念堂报告书》，第84页；《社务报告：第六届执监委员会处理寿圣庵委员会第一次临时联席会议纪录》，《湖州月刊》第3卷第10号，1930年，第100页。

入情事。① 很快地，湖社做出决议，以寿圣庵全部佛像安置于湖州会馆之足够空间即可。② 8月初，姚印佛委员提议，寿圣庵租屋迁移事应催促进行案，议决再函王一亭，请其督促进行。③ 不过，王一亭在过程中却发现，寿圣庵本身尚积欠6000元债务，又需迁移费2000元，并需补贴建筑费若干数目。④ 王一亭在与湖州会馆诸董接洽后回报情况，湖社当即决议代为偿债（次年7月底结清），并负担迁移费。① 1930年4月，当寿圣庵被法院发封后，湖社即代为僧人租赁武定路武定坊房屋一间，并允诺在新屋落成之后，指定一

----

① 《大事摘记》《摘录筹建社所重要议案》，《建筑湖社社所暨英士纪念堂报告书》，第75页、第85页。

② 《摘录筹建社所重要议案》，《建筑湖社社所暨英士纪念堂报告书》，第85页；《社务报告：第六届执监委员会处理寿圣庵委员会第三次临时联席会议纪录》，《湖州月刊》第3卷第10号，第101页。

③ 《摘录筹建社所重要议案》，《建筑湖社社所暨英士纪念堂报告书》，第86页；《社务报告：第六届执行委员会第四次常会处理寿圣庵委员会联席会议纪录》，《湖州月刊》第3卷第9号，1930年，第106页。

④ 《摘录筹建社所重要议案》，《建筑湖社社所暨英士纪念堂报告书》，第85页；《社务报告：第六届执监委员会处理寿圣庵委员会第三次临时联席会议纪录》，《湖州月刊》第3卷第10号，第102页。

① 按因寿圣庵先前欠款累累，故湖社乃委托潘公展委员接洽徐永祚会计师清理寿圣庵债务，至1930年7月28日，湖社依徐会计师归类的各项金额，开票如数奉上。8月1日，徐会计师登报通告，此后寿圣庵对外欠款概与湖社无涉。上述相关文件，详见《摘录筹建社所重要议案》，《建筑湖社社所暨英士纪念堂报告书》，第89页；《致徐永祚会计师函（为委托清理寿圣庵账欺由）》《徐永祚会计师来函（为接受委托由）》《登报通告（为通告各债权依限登记由）》《徐永祚会计师清理账目报告》《徐永祚会计师来函（为与各债权人磋商减折办法由）》《致徐永祚会计师函（为送交寿圣庵欠付账项现银请分别转付清讫由）》《登报通告（为通告嗣后寿圣庵对外欠款概与湖社无涉由）》，《湖社社基全案》，第50—54页。

合适空间留作庵用。① 然此际湖社却议决,"津贴照上年议决之数为限,惟须撤消讼案方可照办",②并聘请了愿和尚任处理寿圣庵委员会名誉顾问。③ 同年6月,湖社议决每月给发谛明20元,显进10元,另贴开支70元,其余忏经收入及房金等一切开支,概由住持谛明自行料理,直到社所落成为止。④ 7月,湖社议决寿圣庵开支,从原先的月贴洋100元,改为月贴谛明房金洋144元,巡补捐洋16元。⑤ 10月,湖社呈文国府,要求转饬上海地方法院,将原有户名"杨信之寿圣庵"更换为"湖社陈英士纪念堂",以重公产而符定案。⑥ 12月,湖社将社所道契请姚肇第委员,代表申请法院过户。⑦ 在1931年10月中旬的临时会上,严潜宣、周由廑、姚印佛3位委员,为处理寿圣庵事审查报告书提请公决,当即议决:将新社所北部基地,建筑房屋为寿圣精舍,以纪念寿圣庵捐款人;邀请王一亭、朱子谦、赵赐琛三先生,约同前寿圣庵董事,组织寿圣精舍董

---

① 《寿圣庵房屋昨日封闭,僧徒迁徙武定路》,《申报》第20499期,1930年4月23日,第15版。
② 《摘录筹建社所重要议案》,《建筑湖社社所暨英士纪念堂报告书》,第87页。
③ 这是第6届执行委员会第12次常会、处理寿圣庵委员会联席会上做出的议决。参见《社务报告:第六届执行委员会第十二次常会处理寿圣庵委员会联席会议纪录》,《湖州月刊》第3卷第10号,1930年,第112页。
④ 《摘录筹建社所重要议案》,《建筑湖社社所暨英士纪念堂报告书》,第89页。
⑤ 《摘录筹建社所重要议案》,《建筑湖社社所暨英士纪念堂报告书》,第89页。
⑥ 《英士纪念堂道契更名,湖社委员会呈请更换户名》,《申报》第20674期,1930年10月18日,第14版。此呈文亦收藏于台北"国史馆"卷宗,相关公函参见《陈英士先生纪念堂兴建案》,档号001—014003—0004,第0345—0347、0349—0351、0357—0362面。
⑦ 《摘录筹建社所重要议案》,《建筑湖社社所暨英士纪念堂报告书》,第91页。

事会;寿圣精舍地契,交寿圣精舍董事会保管,以垂永久。① 12 月下旬,姚印佛、汤充士、沈廷祥三委员等临时动议,请督促寿圣精舍董事会早日成立,当即议决加推 8 人,连同先前的 3 位,组织董事会,由陈蔼士担任召集人。至于寿圣精舍董事会简章(详附录四),则推姚印佛委员当场起草,修正通过。此外,在这次的会议中,亦议决将董事会简章、董事名单、地契保管办法,一并呈报官方核备。② 至此,寿圣庵事件遂告落幕,在经过湖社的大力整顿后,寿圣庵遂实质隶属湖社,成为湖州同乡名符其实的公产了(并见附录三)。

另一方面,利用寿圣庵地基建筑的陈英士纪念堂(参见图 2),湖社为求昭慎重起见,也成立专责管理单位。1932 年 6 月,在第 8 届临时会补开第 7 次常会上,张廷灏委员临时提议,组织英士纪念堂董事会案。③ 7 月 19 日,湖社举行纪念堂竣工开幕典礼。④ 8 月,湖社拟成的《陈公英士纪念堂董事会组织章程》,分呈国民政府、江苏浙江两省政府及上海市政府备案。⑤ 11 月,章程(详附录

---

① 《摘录筹建社所重要议案》,《建筑湖社社所暨英士纪念堂报告书》,第 94 页。
② 《摘录筹建社所重要议案》,《建筑湖社社所暨英士纪念堂报告书》,第 95—96 页。
③ 《摘录筹建社所重要议案》,《建筑湖社社所暨英士纪念堂报告书》,第 98 页。
④ 《摘录筹建社所重要议案》,《建筑湖社社所暨英士纪念堂报告书》,第 98 页。并请参看《陈英士先生纪念堂兴建案》,档号 001—014003—0004,第 0387—0389 面。
⑤ 《摘录筹建社所重要议案》,《建筑湖社社所暨英士纪念堂报告书》,第 99 页。相关公函,参见《陈英士先生纪念堂兴建案》,档号 001—014003—0004,第 0363、0365—0370 面。

五）已奉国民政府暨江、浙各省市政府批准备案。① 至此，湖社终
于稳稳立足于上海，并于日后发挥更大的影响力。（并见附录六、
附录七）

图 2

资料来源：左图来自湖州市民国文化馆，右图为笔者摄于上海。

图片说明：湖社旧址在今北京东路、贵州路交叉口，虽已改建为交通大厦，但原样
仍清晰可辨。左图为旧照，右图为今貌。

---

① 《摘录筹建社所重要议案》，《建筑湖社社所暨英士纪念堂报告书》，第 100 页。

第三章　诉讼分析

第一节　第一阶段

　　湖社与寿圣庵僧人的官司,诉讼起讫时间自 1928 年 9 月到 1929 年 2 月。1928 年 9 月底为初次开庭,《申报》对此有详细记载。从双方的论述来看,原告(谛松)的重点如后:(一)寿圣庵来自金涌和尚对十方善信的募化。(二)后继住持起证和尚将建庵所购地皮,转换为道契,并交由湖州同乡会董事保管。(三)道契保管者虽几经转换,但始终登记于董事名下,而非僧人名下。(四)以上经过情形,有人证可资证明。被告(杨奎侯)方面辩称:(一)寿圣庵由被告之父(杨信之)捐资建造。(二)首任住持金涌和尚是湖州同乡高某的师父,历任住持皆由同乡会施主出资雇用,对僧侣有人事主导权。(三)道契转交湖社代管一事,不仅曾登报声明请市府免于登记,①同时知会过原告,原告最初并不反对,但后来却想索回,而诬被告图吞。② 故整个归纳来看,原告与被告争论的重点有二:(一)寿圣庵自草创至颇具规模,其资金究竟是来自十方信众,还是只有湖州同乡?(二)对于寿圣庵的管理,究竟是由僧人一手包办,还是由湖州同乡会董事主导? 种种争议,延续于日后的诉讼中。

1928年12月,原告除了起诉杨奎侯外,又据"民诉条例二九九条第二款第四项",追加湖社为报告,该诉状谓:"本年九月间,为寿圣庵单契诉追杨奎侯两蒙传审。所有庵基被前护法杨故绅信之私换伊户,其子奎侯无权代管,各情业已详悉无遗。讵二次庭讯后,忽有湖社登报通告,略称系争单契,已由杨奎侯私授湖社并由该社擅向市政府无权代表声请登记等情。当即登报反对,一面调查该社是何性质,奈该社登报,并无代表,究系何种性质之团体,尤属真相难明。……现奉本月二十一日续传为期迫切,该湖社既无

---

① 《呈上海市政府文(为陈明寿圣庵设立原因及性质请免予登记由)》《呈上海特别市政府文(为补送证明文件由)》《奉上海特别市政府批第九七八号,原具呈人湖社委员会委员陈其采等呈二件(为陈明寿圣庵设立原因及性质请免予登记由)》《登报紧要通告(为接管寿圣庵并该居住用之房屋基地单契由)》《登报通告(为录批通告由)》,《湖社社基全案》,第5—8页与《重要文电汇录:呈上海特别市市政府文(为陈明寿圣庵情形及请求备案事)》,《湖州月刊》第3卷第7号,1928年,第62—64页。

② 谛松为了此案,法院要求提供保证金500元候核。相关报导,悉见《上海临时法院》,《申报》第19933期,1928年9月12日,第16版;《寿圣庵住持控湖社董事:请将寿圣庵道契交还,堂□两造先外出和解》,《申报》第19952期,1928年10月1日,第15版。

代表,又无确定地址。惟有送由杨奎侯转递,以便推定代表,声明地址到案,为法律上之解决,为迫续状附呈湖社原登通告之报纸,及原告驳覆该社之报纸各一份,请求钧院迅赐补传该湖社,严令到案,并提出辩诉状,合并声明。"① 按谛松状告杨奎侯侵占庙产,已如前述,因湖社登报澄清,② 谛松遂依据民诉条例,追加湖社为被告。从谛松的供词看来,寿圣庵历任住持(自然就是管理者)有十分清楚的传承,但他也承认自己是透过杨信之的关系介绍来庵。此外,在寿圣庵道契的管理上,谛松的讼词中表示最初是由起证和尚保管,后来才转交由湖州同乡会董事代管。道契是从建庵之地皮转换来的,而该地皮的购置资金,乃是由十方施主所捐助,不过谛松并无捐簿可证。③

针对谛松的质问,湖社也一一驳斥,其辩诉分两点论述:第一点简述湖社的来历,说明自身为合法团体,正式成立于 1924 年 6 月,其旨趣为谋湖属六邑,及旅外同乡事业之发展。历年以来,对于同乡公共事业,贡献良多。第二点声明寿圣庵乃湖州同乡所集资购置,并由乡先辈郁梓楣、王一齐、杨信之等总理庵务。至于历任住持,包括谛松在内,都由湖州同乡会董事所聘雇,而道契在转换时,皆登记在董事名下。只因先贤相继物故,董事后裔皆不愿继

---

① 《谛松原诉状》,《湖社社基全案》,第37页。
② 此一紧急声明,在民国 1928 年 8 月 15 日,登载于《民国日报》,其文字内容,亦见诸湖社资料。参见《寿圣庵住持控湖社董事:请将寿圣庵道契交还,堂□两造先外出和解》,《申报》第 19952 期,1928 年 10 月 1 日,第 15 版;《登报紧要通告(为接管寿圣庵并该居住用之房屋基地单契由)》,《湖社社基全案》,第 7 页。
③ 《谛松供词》,《湖社社基全案》,第 39 页。

续保管,杨奎侯乃将道契、权柄单转交湖社托管。① 湖社此处的辩词,旨在排除"僧人管理权",确立董事为真正管理者,强调同乡会董事与僧人之间,实为一种"雇佣关系"的存在。

1929年2月2日,上海公共租界临时法院开辩论庭,此次开庭的过程,在《申报》中有详细的记载,从报导中能够看出,此次双方的辩论,原告(谛松)的主张是:(一)寿圣庵基地向莫姓购买(非湖州同乡),道契由湖州同乡会董事递相代管。(二)湖社的法律地位不明,而杨奎侯既称无权代管,则更无权交给法律地位不明的团体托管。(三)从寿圣庵门额镌字可知,该庵并非湖人私产。道契年租向为庵中缴纳,非湖州同乡会董事上缴,可证僧人方为是庵主人。(四)先前讼状以杨奎侯图吞庙产,言词过当,请求被告原谅。但庙产既经转移不明团体,只得请求判令交还。被告(杨奎侯)辩护称:(一)谛松经人介绍,方能入庵管理香火,他明明是受雇用者,受雇者怎能过问庵产? 是以,谛松无权提告。(二)寿圣庵素来即是(湖州同乡会)家庵,如道契为庵中所有,而保管者在同乡会董事之手,应自董事及其后人索求,既然保管权转到湖社,则谛松自当向湖社交涉,何必起诉杨奎侯? 待湖社加入诉讼后,原告仍要求杨与湖社共同负责,殊属无理也。被告(湖社)答辩谓:(一)湖社是合法立案的团体,绝非达官贵人的结社,更无凭借政治势力介入司法的意图。(二)寿圣庵道契出湖社代管一事,已函请市府准予

---

① 《湖社辩诉状》,《湖社社基全案》,第37—39页。

登记,原告委任律师的来函,亦可证明原告原是承认湖社保管道契的。① 从以上各点来看,原告此时似乎有意与杨奎侯和解,以便专力于对湖社兴讼,此点恰巧符合杨奎侯辩护律师的主张。但即便如此,原告与被告间争执的焦点,主要仍在于寿圣庵庙产从何而来,以及谁才是寿圣庵真正的管理者两方面。就庙产来源来说,原告所称来自十方善信的说法,既提不出文件来佐证,也就难以反驳被告的"家庵说"(同乡购置)。就庵中管理而言,依前述谛松供词,他自谓是经杨信之介绍来庵,则正好呼应被告所说湖州同乡会董事具备人事主导权的看法。而原告既无法驳斥湖社的合法地位,则所谓"若以实在之庙产交与不确实之团体保管,殊属不妥,应请判令交还"的立论,也就无法成立了。

数日后,上海公共租界临时法院进行宣判,判决书全文如下:

上海租界临时法院民事判决 十七年总字第三四○九号

判决

原告僧谛松

右诉讼代理人范刚律师、刘史超律师、潘承锷律师

被告杨奎侯

右诉讼代理人王焕功律师

被告湖社

---

① 《寿圣庵之产权问题,讼案辩论终结定期宣判》,《申报》第20075期,1929年2月4日,第15版。

右诉讼代理人何世枚律师、姚肇第律师

右两造因庙产涉讼一案,本院审理判决如左

主文

原告之诉驳斥

诉讼费用由原告负担。

事实

原告及其代理人声明,判令被告等共同将寿圣庵道契第八十三及第八十四号交还原告,其陈述略称原告系寿圣庵主持,该庵有自置庙地方单两纸,于距今三十年前,由庙僧起证和尚交被告杨奎侯之父杨信之代为保管,旋杨信之将该方单,用自己名义转换道契第八十三及第八十四号。现杨信之身故,被告杨奎侯乃将该道契转交被告湖社保管。该庙地向由原告纳租,庙门横额,亦有住持金涌募建字样。被告等所称该庵系湖人捐资建筑,殊非真实,应请判令将道契交还云云,并提出纳租收条,及寿圣庵横额抄纸为证。

被告杨奎侯代理人答辩:略称寿圣庵基地,原甲湖人捐资所购置,故方单历由湖人保管。庙僧并由湖人雇用,即原告系前苏州关监督杨蔚霞介绍来庙管理香火,月薪二十元。被告杨奎侯故父杨信之将方单转换道契,乃用杨信之代表寿圣庵字样,有权柄单,原文可稽。现该道契交湖社保管,亦曾告知原告,有原告代表朱斯蒂律师,询问湖社保管方法之原函可证云云。并提出朱斯蒂致湖社函,及道契权柄单照片等件为证。

被告湖社代理人答辩：略称湖社系旅沪湖人组织之团体，早向主管官厅立案。此次由被告杨奎侯交来寿圣庵道契两纸，已另组保管委员会，将该道契存储四行准备库保险箱，保管方法，极为周密。原告代表朱斯荩律师前既函询被告湖社，对该道契保管方法，是原告对于该道契交由湖社保管，业已同意云云。

理由

本案应行审究之点，即系争庙地，究系寿圣庵自己购买，将方单交杨信之保管？抑由湖人捐资购买，而保留其方单管理权？如由寿圣庵交杨信之保管，原告不无向被告等请交还之余地。如系湖人保留其管理权，该原告即未便为交还之请求。查民事诉讼条例第三百二十八条规定：当事人主张有利于己之事实者，就其事实有举证之责任。原告既主张该庙地系庙中购买，于三十年前由起证和尚将方单交杨信之保管。依法即应负举证之责任，乃原告对于庙中如何购买该基地及如何将方单交杨信之代为保管，均徒托空言，而无丝毫之证明，即如原告所称寿圣庵横额，有金涌和尚募建字样，亦仅能证明寿圣庵庙宇系金涌和尚所募建，并不能证明该庵基地亦金涌和尚所募买。至该基地无论系庙中自己购买，抑由湖人捐资购买，而逐年由庙中纳租，均为当然之事实，原告提出之纳租收条，不能为庙中自己购买该基地之证明，尤甚明显。原告之诉，实未便认为有理由，应即予以驳斥，并依民事诉讼条例第九十七条责令负担诉讼费用。特为判决如主文。

中华民国十八年（1929年）二月五日

上海公共租界临时法民庭院推事李谟

右件证明与原本无异书记官陈①

推事据民事诉讼条例第三百二十八条规定，认为原告应对"该庙地系庙中购买，于三十年前由起证和尚将方单交杨信之保管"的说词，提出强而有力的证明（按即如捐簿之类），但原告提出的寿圣庵匾额的镌刻字样和纳租收条，其说服力都过于薄弱，顶多证明庙宇为金涌和尚所募建，而无以证明庙地是由金涌和尚所募买。反过来说，被告却能提出有杨信之字样的道契（与权柄单），这无疑是承认寿圣庵基地昔日由湖州同乡募资购得。由于原告败诉确定，法院判决谛松负担诉讼费用。②

第二节　第二阶段

不久，湖社与寿圣庵间的官司，进入第二阶段，自1929年3月到1931年2月止，原告经历了谛松而谛明。1929年3月，心有未

---

① 《上海公共租界临时法院判决书》，《湖社社基全案》，第39—41页；《重要文电汇录：寿圣庵前住持僧谛松与本社涉讼之判决书：上海租界临时法院民事判决》，《湖州月刊》第3卷第7号，第64—67页。
② 亦见《上海临时法院》，《申报》第20079期，1929年2月15日，第15—16版。

甘的谛松赴上海租界上诉院提起上诉,必须说明的是,那时他正处在遭湖社斥逐(因寿圣庵僧人检举其不守清规,详前),以及因受伤官司而被揭露密室丑闻之际,虽曾盘据寿圣庵不去,但因湖社提请抗辩,并经上诉院确认,谛松最终丧失代表诉讼之资格。[①] 不过,谛松的上诉状,仍然值得留意。依其全文所见,谛松并未如先前辩论庭所说,撤销对杨奎侯的控诉,反倒是补足了几点理由,试图翻转上海公共租界临时法院的判决结果:(一)本案最初只争道契保管问题,但自湖社加入诉讼后,遂衍生出所有管有权问题。原判既引民诉条例,驳斥上诉人无法证明庵僧购买土地,则湖州人士又有何证据可证明自购此地以建庵?(二)从原则上看,庙产无论来源为何,一经捐助,所有权即属寺庙,管理权归于僧道,布施者则立于指导监察地位。在一审之中,本案被告自认仅保管道契,故此庙产管理权,仍属寿圣庵,上诉人以住持名义,要求保管者交出,以向市府登记,名正言顺。(三)当诉讼程序展开时,被告迭以行政手段,作为防御方法,其处心牵制已无待言。假若被告一秉至公,则按登记手续及其表册所载,上诉人皆有陈述及记载的义务,又为何僧庵的登记,全凭庵外人来办理?似此欲盖弥彰之事,足以反证被上诉人等的主张不当。(四)在上海一地,除了湖社以外,尚有其他湖州旅沪同乡组织存在,故难以断定湖社足以代表全体。杨奎侯既说寿圣庵地产为湖人所捐购,至少应由全体湖人公决,不当私相授

---

① 《湖社辩诉状》,《湖社社基全案》,第43—44页;《民国十八年华人民事工字第六五四号案》(编按:即1929年),上海档案馆藏,档号 Q165—1—85。

受。原判认定庵产为湖人出资购买,而保留其方单管理权,故原告未便请求交还,一如承认被上诉人等私相授受为合法然。最后,上诉人请求上海租界上诉院,援引"上海公共租界会审公厅民事诉讼律第一百另三条第二项"的规定,废去原判,并令被上诉人等负担两审讼费。① 综观以上各点,姑不论其立论是否都确当,至少确认上诉人有意延长战线,扩大打击层面,故各项质疑都较一审时更为充分。倘使谛松当时仍代表寿圣庵的话,则湖社面对这场诉讼,必然棘手的多。

谛松既遭斥逐,则日后能代表寿圣庵的,即为湖社正式任命的谛明,但谛明起初并不欲与湖社为难。后因英士纪念堂开工在即,寿圣庵上下惶恐不安,故 1930 年 1 月,谛明、显进向上海租界临时法院提起诉讼,请求确认对寿圣庵的所有权,原告从"请求之标的""事实之陈述"与"请求之理由"三点论述。在"请求之标的"方面,除了争道契所在的第 83、84 号地基外,复声明寿圣庵房屋、佛像、法器等,都为庵中所有,被告无权处分以上庵产,请求判令被告交还道契与基地,以及判决被告负担本案诉讼费用。在"事实之陈

---

① 《谛松上诉状》,《湖社社基全案》,第 41—43 页。又按 3 月初,上海临时法院批示:"僧谛松请发还保证金,由状悉查,原禁□并未具。该具状人声请饬消,所请发还保证金,未便照准。"参见《上海临时法院》,《申报》第 20102 期,1929 年 3 月 10 日,第 16 版。4 月间,上海租界上诉院民事批示:"僧谛松为请求诉讼救助,由状悉仰,邀同保人到院,听后查明核办。"参见《上海租界上诉院》,《申报》第 20148 期,1929 年 4 月 24 日,第 16 版。到了 5 月下旬,上诉院民事批示:"僧谛松为声请诉讼救助,内状悉。既据觅有铺保担保,应交审判费,应予照准。"民事裁决:"僧谛松因与□奎侯庙产涉颂,声请假处分一案,(主文)声请驳回。"参见《上海租界上诉院》,《申报》第 20177 期,1929 年 5 月 24 日,第 16 版。

述"中,原告引用《上海县续志》的记载,证明寿圣庵与金涌和尚的关系;其次说明道契存于居士家,实出于不得不然(时因倡禁寺庙议起,念岸祖师将所有道契寄存湖州人黄佐卿居士处。起证和尚任住持,将道契寄存杨信之居士家),并强调历任住持的传承,是依据禅门剃度派的惯例,数十年来并无争议。直至1928年间,因社会局通知办理寺庙登记,前任住持谛松旋向杨宅索取在日寄存的道契,方知杨奎侯已将道契转交湖社保管,以致发生种种纠葛。在"请求之理由"方面,谛松强调所有购地建筑资金,皆为各姓所捐助,并非湖帮所独建有,庵内匾额等可证。更何况,现行律法施主对已施舍的资产,只能监督而不可处分。即使谛松已出庵卸任,断不能以偏概全,认定一般僧众,尽为不修清规之徒,进而强夺此数十年历史的剃度派寺庙,不仅法律上毫无根据,而且违背约法上宗教自由原则。查该被告原呈,亦自认具备管有权,而非所有权;被告既无所有权,于法不能朦请政府,改建英士纪念堂。被告恶意侵害原告所有物,已彰彰明甚,违反寄托之初意,自无继续代管之可能。①

然而,同年2月下旬开庭时,湖社却抗辩称:(一)寿圣庵住用基地的产权争执,昔由前住持僧谛松代表该庵,对被告人提起确认产权并回复管理之诉,临时法院在1929年2月判决败诉后,谛松即向上海租界上诉院提起上诉。不久,被告人提起妨诉抗辩,主张谛松已丧失住持身分,无权代表寿圣庵为诉讼主体,经上诉院审核

① 《谛明显进等请确认所有权诉状》,《湖社社基全案》,第44—46页。

属实,而于同年7月谕知,在谛松之身分未经确定以前,诉讼应予中止。因此,寿圣庵确认产权之诉,迄今并侦察终结,仍属上海租界上诉院。本案原告若自认为代表寿圣庵,便不应另案起诉。

(二)从原告的身分来看,显进在寿圣庵的身分不明,至于谛明,乃湖社所雇用者,而前任住持谛松,亦是湖社所撤换,中间经过,均经呈报有关单位核备。至若原告所称,住持相继由于剃度递传的说法,显非可信。查湖社现为寿圣庵之唯一管理人,早经主管官署核准在案。谛明既受雇于湖社而专司经忏,在法律上实为湖社的受雇者,对湖社及其相关议决,谛明当无对抗和异议之权,故本件诉讼显非谛明所应提起。①

值得一提的是,在湖社提出抗辩的次日,亦即2月25日,谛松又以寿圣庵名义对杨奎侯、湖社重新起诉,由于应缴颂费经额颇高,原告无力缴纳,只得援例请求救助。原告代表律师详陈寿圣庵的历史与该道契的所有权,并强调寺产条例规定,凡施主所施舍者,犹且不得索还,何况湖社并非当事人,故请断定所有权归回原告,并着湖社交还道契。推事以此为调查证据性质,令被告律师不必答辩,决定定期开庭审理。② 惟诚如前述,谛松既已无权代表寿圣庵,则此一起诉行径,对谛明与湖社间的官司来说,连聊备一格都说不上。甚且,因为谛松的再度现身,更招致湖社请求有关单位

---

① 《湖社辨诉状》,《湖社社基全案》,第46—47页。
② 《寿圣庵住持又控争道契,无力缴纳巨款讼费,请求另具相当保证》,《申报》第20443期,1930年2月26日,第15版。

迅速将其逮捕。①

后来,由于湖社社所、陈英士纪念堂的开工,此一诉讼也就随之尘埃落地了。1930年9月,江苏高等法院第二分院宣判上诉人谛明败诉,二审讼费由上诉人负担,全文如后:

江苏高等法院第二分院民事判决　十九年地字第二一〇号判决

上诉人谛明　系僧谛松之承受诉讼人

被上诉人杨奎侯

　　　湖社

右诉讼代理人何世枚律师、姚肇第律师

右两造因请求交还道契涉讼一案,上诉人不服前上海租界临时法院中华民国十八年(1929年)二月五日第一审判决提起上诉。本院判决如左:

主文

上诉驳斥

第二审讼费由上诉人负担

理由

---

① 当时,谛松趁寿圣庵僧众惶惶之际,再度潜回庵中占住,故湖社请求官方逮捕之。详见《呈上海特别市政府文(为谛松又复潜回请迅令拘办由)》《奉上海特别市政府批第七一五号,原具呈人湖社委员会主任委员陈其采呈一件(为劣僧谛松近复潜回寿圣庵公然占住,请饬局拘提到案法办由)》《录公安局长致湖社唐委员笺函(为已备文协缉谛松由)》,《湖社社基全案》,第33—34页。

本件系僧谛松,前以寿圣庵住持名义,在第一审诉请判令被上诉人将庵产道契交还保管,当经第一审判决后,复提起上诉。嗣因住持被撤,由僧谛明仍以住持名义声请承受诉讼。本院查该寿圣庵前湖社委员会,呈请国民政府核准,拨款补助,设建湖社社所,及英士纪念堂。并经江苏省政府、上海特别市市政府,核准有案,旋复经国民政府行政院令行省、市两府,转行前上海租界临时法院,勒令上诉人迁移,将该庵点交湖社执行委员会拆卸改建。是该庵业已根本取消,则上诉人之住持名义,亦当然因之消灭。自属无权再行代表该庵主张权利之余地。其上诉显非法律上所应准许。

据上论结,本件上诉为法律不应准许,依民诉条例第五百零八条第一项第一款第五百十七条第百零三条,特为判决如主文。

中华民国十九年(1930年)九月二十六日

江苏高等法院第二分院民事庭

审判长推事　胡诒谷

推事　韩祖植

推事　叶在聘

本件证明与原本无异

书记官　顾恩俊①

---

① 《江苏高等法院第二分院判决书》,《湖社社基全案》,第47—49页。

这一判决，一举驳回了谛明的诉求。此外，1931 年 2 月，江苏上海特区地方法院判决"原告之诉驳斥，讼费由原告负担"，理由是"此民事诉讼条例，及修正诉讼费用规则，设有明文规定。本件原告起诉时，审判费既未缴足，又未遵谕补正，实属有违程序，应依民事诉讼条例第二百九十条第一项第五款第九十七条为判决主文。"①

必须一提的是，此案在一审阶段，是由上海公共租界临时法院审理的，二审阶段进入上海公共租界上诉院，②惟后来因谛松丧失住持资格，此案遂暂时搁置。但 1930 年 1 月，谛明、显进为确认寿圣庵所有权，状告湖社委员会，公共租界临时法院开庭受理，至 2 月下旬开庭时，湖社提出两点抗辩，其第 1 点针对诉讼程序，以原告如自认代表寿圣庵，即应承接谛松先前之诉，不当另案审理；也就是说，此案流程仍应回到上海上诉院。惟同年 9 月进行宣判时，为何却由江苏高等法院第二分院定谳呢？原来，在 1930 年 4 月，国府依据《关于上海公共租界内中国法院之协定》，在原上海公共租界临时法院、上海上诉院的基础上，改制为江苏上海特区地方法院（后因 1931 年 8 月法租界成立江苏上海第二特区地方法院，江

① 《江苏上海特区地方法院判决书》，《湖社社基全案》，第 49—50 页。
② 上海公共租界临时法院是国民政府逐步收回领事裁判权的过渡地方司法机构。1926 年 9 月下旬，江苏省政府与驻沪领事团领袖领事，共同签署公布《收回上海会审公廨暂行章程》，章程共 9 条，改会审公廨为临时法院，1927 年元旦，临时法院正式成立，并规定至 1929 年 12 月底有效期满。1930 年 2 月，外交部与驻华公使共同签订了《关于上海公共租界内中国法院之协定》，不久临时法院依法改组为江苏上海特区地方法院。详见姚远：《上海公共租界特区法院研究》，第 40—41 页、第 43—53 页。

苏上海特区地方法院便改称江苏上海第一特区地方法院)、江苏高等法院第二分院,①故昔日上诉院审理的案件,便改由高二分院宣判。至于谛明在原上海临时法院提起之诉讼,即由改制后的江苏上海特区地方法院判决。

此外,仍有一点应当留意,即寿圣庵前后任住持与湖社间的兴讼,表面上看来虽皆与争所有权有关,但动机其实并不相同。按谛松所在意者在于道契,他以向社会局登记为名义,诉求法院判决湖社交还;至于谛明,所争者不在道契,而是请求确认寿圣庵的所有权(湖社只有管有权)、排除侵害,以确保该庵房屋、佛像与法器等所有物的完整。至于湖社的诉讼策略,则是视时势的发展,先是诉请法院撤销谛松代表寿圣庵的资格,继则以诉讼程序不符和法律上为唯一管有人为由,请求法院不必审理事实,迳行对谛明宣判。在法院方面,先是确认谛松遭到通缉,故无权代表寿圣庵向湖社起诉;后则以寿圣庵事实上已经消灭,谛明自无从代表寿圣庵状告湖社来结案。惟上述否认对方诉讼资格的作法,表面看来固然是一种高明的致胜技巧,实则对于厘清寿圣庵所有权的归属问题,并无太多实质帮助。

---

① 关于此点,参见滕一龙主编:《上海审判志》,上海社会科学院出社 2003 年版,第 63—64 页及第 65—67 页。

第四章　三点观察

前面说过,寿圣庵与湖社间的争论,在寿圣庵庙产如何产生,以及谁才是寿圣庵真正的管理者两点。双方在进行诉讼时,虽曾就庙产来源各执一词,但他们真正在意的,其实只在谁具有管理主导权。例如,湖社委员姚印佛说:

> 庵僧昧于事理,且忘其本身之为雇用,妄以庵主自居,觊觎公产,意图占有,贪心妄念,百计顽抗。……追思六十年前,乡先辈旅寓沪滨,集资置产,设定乡同志公共需要之场,对诸团体观念,实具有深切之认识,岂止为养和尚计哉? 不然,地产单契给和尚可也,何以保管不释? 庵务处置由和尚可也,何以管理不倦? 徒以后人顾问稍懈,几致主客倒置,先辈有知,当所勿许。①

然而,寿圣庵方面却声称:

——————————

① 《湖社社基全案》,"姚印佛序",第1页。

凡寺庙财产，其惟一之来历，则为捐助。不论其为公家之拨助，僧道所积聚，抑私人所乐捐，一经捐助之后，其所有权即属之于寺庙，而住持之僧道，即有管理权，布施者立于监察指导之地位。此原则也。本案被告等，是否为捐助，尚待明证，而仅仅保管，则为第一审所自认，则此项庙产之所有权，仍属于寿圣庵，固无可争辩者也。[1]

况现行律施主对于已施舍之资产，祗能监督，并无处分之权。……况查该被告原呈，亦自认管有，而非所有；被告既无所有权，于法自不能任意朦请政府，改建英士堂……[2]

可见，湖社与寿圣庵的争执，各有其立论依据，故孰是孰非，未易论断。然而，在杨奎侯交出道契前，僧人与施主（湖州同乡会董事）之间，并不存在着对寿圣庵管理上的争议，这是因为身为监察人的施主，并未真正介入该庵的运作之故。而僧人后来之所以与湖社发生纷争，则与湖社亟欲片面改变现实有关。

第一节　寿圣庵的内部管理问题

关于杨奎侯交出道契的理由，他在 1928 年致湖社的信上说：

---

[1] 《谛松上诉状》，《湖社社基全案》，第 42 页。
[2] 《谛明显进等请确认所有权诉状》，《湖社社基全案》，第 45—46 页。

迳启者：上海英租界北京路寿圣庵庙宇，于前清同治十二年间，经僧人金涌之女弟子湖人高姓妇，同乡咸称之为高客人者，向旅沪绅商，募资建造。所有该庵住持，历由乡前辈黄佐卿、郁梓楣、谢子楠等诸先生暨先君信之公择贤继任。即现任住持谛松和尚，亦由前苏关监督杨蔚霞先生介绍而来，该庵并无恒产维持，礼忏度日，所有庙址基地道契两张，由诸前辈交由先君保管，并注有先君姓字。自先君见背，泰颐即与前列诸乡先生之后人商请公同保管，而诸君均以时移世易，不允继续担任。惟此项道契泰颐既未便率行交出，亦未便长由个人保管，致涉嫌疑，窃思

贵社为吾湖同乡公立机关，用特缕陈，可否将该道契两纸，送交贵社共同保管之处，伏乞

詧核示复，不胜盼祷，此致

湖社委员会

杨泰颐谨启七月五日①

信中仅含蓄表示，乡先后人诸君，"均以时移世易，不允继续担任"，然"亦未便长由个人保管"。按杨信之于1923年过世，②其子杨奎

_____

① 《同乡杨奎侯先生来函（为商请将寿圣庵住用之房屋基地单契交社保管由）》，《湖社社基全案》，第1页。
② 关于杨信之的生平，参见嵇发根主编：《湖州市志1991—2005》下，"前志补遗"，第2631页。

侯却在 5 年后，也就是湖社成立后的第 4 年，才将道契交出，故内情并不单纯。除了 1927 年冬，因上海特别市政府令行登记庙产，谛松屡次索取这一直接因素，导致杨奎侯委托湖社保管道契外，①应当尚有其他深层原因。1928 年 9 月，谛松控告杨奎侯的官司正式开庭，代表被告的律师说：

> 本案原告谛松，现尚按月支给二十元薪水，此外不能透支，如和尚中有不法者，雇主可以驱逐……②

"如和尚中有不法者，雇主可以驱逐"一语，出自杨奎侯辩护律师之口，是他不经意间说出的话，但那句话到底是影射谁呢？当时，谛松仍是寿圣庵住持，其密室丑闻尚未东窗事发，故那句暗讽之语，予人一种想象的空间。

至于谛松其人，其行事作风，颇有争议。1925 年 6 月 19 日，一则报导说：

> 北京路寿圣庵僧人，于昨日全体罢课，停止经忏，其罢课原因，为该庙当家折减各僧工价，原定每工钱二百五十文，洋价每元作钱一千二百五十文，满洋取洋，不满则以钱计。昨日

---

① 《湖社社基全案》，"姚印佛序"，第 1 页。
② 《寿圣庵住持控湖社董事：请将寿圣庵道契交还，堂□两造先外出和解》，《申报》第 19952 期，1928 年 10 月 1 日，第 15 版。

该庙当家谛松对众宣布,今后洋价,每元须作一千五百文计算,工资照旧,愿则留,不愿则立即出寺,语甚坚决,致动公愤,结合全寺僧人五十余人,开会讨论对付方法,佥以吾庙工资,相传数十年,迄未变更,对外主顾迭此增加,对内从未议加。今百物昂贵之际,无故突增洋资,何异折减工资,万难承认。当推定昌开、昌德、妙崑、安定、济航等为代表,向谛松交涉无效,祇得停止经忏,全体罢课为抵抗。嗣后谛松央请倪学宽出任调解,认任众僧所提之(一)工资洋价仍照旧章。(二)改良待遇。(三)无故不准挟私报复,斥革僧人等三条件。后谛松完全承认,定今日全体开课经忏云。[①]

此处所言,谛松欲将"洋价每元作钱一千二百五十文",改为"每元须作一千五百文"的兑换比,但工资依旧是250文,等于每工从支领0.20洋(银)元,被迫减为0.166洋元,众僧以自身权益受损,发动集体罢课,事件后虽平息,却凸显谛松之不得人望。

1928年,寿圣庵被湖社接管后,僧人们藉机揭发了谛松的十大罪状:

(一)不守僧家清规,连结歹人,私开香堂。

(二)损害千年常住,挥霍金钱如水。

(三)将大厅屋顶上,起造内室,以备妇女娱乐。

---

① 《寿圣庵和尚龃龉之经过》,《申报》第18786期,1925年6月19日,第16版。

（四）近小人，远君子，克灭大众口食，及宠厨奴作主。

（五）将寿圣庵常住集资私自治俗人之地，造房以作还俗之举。

（六）自擅主张，起讼护法家追出道契不轨行动。

（七）自己房内装秘密电话，随意私招妇女之用。

（八）将常住庄严珍贵者，质典银钱费用。

（九）种种不得人道，压迫大众极地。

（十）以上之事，均是事实俱在，及长往旅馆住宿，饬用私人，每日送饭菜二次，□等肴馔，不知所做何事。①

以上列举的行径，对谛松而言，皆是非常严重的指控，若非积怨深重，何以至此？湖社为此被迫将谛松解职，但丧失住持资格的谛松，拒不移交职务，后事件出现爆炸性发展。1929 年 3 月下旬，上海临时法院开庭审理谛松控告客僧法乘、默和率众行凶的官司，报导说：

被告供，谛松头部之伤，系彼自用钥匙刮破……。据谛松供："阴历正月廿七夜三、四时，被告等在该庵大厅用绳将伊捆缚，抬入房内，由法乘用小刀在背后戳伤伊头，默和则扣伊嘴，致不能呼喊。嗣经友人闻信报告伊之常年法律顾问，转报捕房，派探来庵，始得将伊救出"等语。继由被告代理律师朱斯蒂向该僧驳诘，据其答称："伊充该庵住持，已十余年，被告等

---

① 《寿圣庵僧众报告书（为举发谛松不法请求撤换住持由）》，《湖社社基全案》，第 8 页。

均系伊所雇，此次被告等之行为，当系受外人运动所致，绳索由法乘自楼上取来"云云。周推事详核该僧所供，颇多疑点，故反复研鞫，旋讯以刀之形状，据答："刀小未见，且从背后戳来。"问："然则何以知行凶者为被告？"该僧则称伊所目睹。朱律师乃向谛松曰："其实系尔于阳历三月九号晨睡起开门，突呼救命，志清僧闻声走至，尔即指其行凶，提起控告。惟尔此举，纯因正月某日尔在庵内密室，与妇女或赌博，或吸鸦片，纵情作乐。适本案被告三人入室窥破内容，尔不免羞赧，怀恨于心，今乃藉端控告，此为真相，尔其有说乎？"该僧则完全不予承认。朱律师又向之曰："尔不特与妇女在密室赌博吸烟，且将该秘密室中加以精美之陈设，如铜床也，香粉也，香水也，举凡香艳之物品，莫不具备，究何所需耶？"该僧亦不承认有此设备。朱律师曰："此可调查，恐难抵赖。"并诘以前曾闭关否？该僧对此承认，谓此乃在苏之事。及再诘以闭关之原因，则不置答。而朱律师遂向之曰："是乃因嫖妓而闭关，岂又欲讳耶？"但该僧终否认之。庭上因被告律师盘驳已毕，遂询原告律师有无其他证人，答曰："有捕房中西探员可以证明赴该庵调查时之情状，惟以未奉传票，故今日未曾到庭。"周推事以人证未齐，决定将案延期，至下月十七日午后继续审理，并□知老闸捕房捕头转饬当日派往调查之中西探员，届期到案作证。[1]

---

[1]《寿圣庵中有密室乎？铜床香水香粉等俱备，朱斯蒂律师言之凿凿，谛松和尚均一律否认》，《申报》第20122期，1929年3月30日，第15版。

谛松"私筑密室"的丑闻当时相当轰动,甚至有某报记者,曾往寿圣庵该密室拍照,并刊诸报端。① 4月22日,《申报》对密室状况也有相关报导:

> 寿圣庵住持谛松,于该庵内建一密室,初无人知,近因涉讼,遂泄于外,该密室现已由湖社严局。昨有一人偕湖社社员朱斯苇律师前往参观该密室之内容,兹为转述所见于下:密室筑于该庵新屋楼上之后进,须先经过女厕所及一黑暗之弄,女厕所外,贴有游客闲人止步之字条,而密室之外,又有谛松所派之心腹看守,故平日非经谛松邀请者,不能越雷池一步。密室之内,陈列妆台,衣□、沙发、桌椅、铜床等等,床上并铺锦被。参观者随开启各抽屉,见有鸦片烟枪一,白浊药瓶一,及香水瓶、香水等装饰品。另有日记簿一册,内中所记,悉系电话号码及接电话者之姓名,且有女性数名。而枱上复置有自动电话一架,铜床对面有玻窗两扇,辟之可通邻家之屋顶,此该密室内容之一般也。至谛松昔年坐关处,则在该密室之外面云。②

---

① 《寿圣庵讼案昨又审讯,庵内密室业已封锁,三僧陈述被诬情形》,《申报》第20142期,1929年4月19日,第15版。

② 《寿圣庵密室参观记,谛松当年坐关之内室,在女厕所黑弄以后,铜床电话设备完备,香水外白浊药一瓶,玻窗两扇直通邻屋》,《申报》第20146期,1929年4月22日,第15版。

堂堂住持不守清规,加以媒体指证历历,于是社会传为笑谈。4月17日,法院续开庭审理此案,报导说:

> 谛松所控之案,…由周庭长续讯,首由老闸捕房中西探员到案,证明得报谛松被禁,往该庵调查情形,谓:"到时祇见法乘、茂林两僧,而默和则未见,彼等均坐在一室,为若合□动,遂将原告带出,但法乘初却反对"云云。惟据被告方面证人姚肇(原作慰,迳改)第律师称:"探员到庵时,我及湖社常委现任社会局长潘公展,亦至该庵,但未见法乘反对"云云。旋由庭上向三被告讯问:"据供前因偶至谛松之密室,见其与妇女十余人,或赌博,或吸鸦片,谛松见我等入室,勃然大怒,以我等不应擅自进内,由是挟嫌诬控行凶。缘三月九号晨,我等起床,突闻楼上有争吵声,登楼视察,见谛松扭住元清,并大呼头被戳破,因即劝解。瞥见谛松身畔之钥(原作销,迳改)匙有鲜血,故实系原告自用该钥匙将头刮(原作括,迳改)破,借以栽诬而泄察破其密室之恨,请求明察"云云。并由该被告之代理律师朱斯苃辩护,以"原告既将元清扭住,指元清戳破其头,今何以舍元清而控此劝解之人?则其用意实系恨法乘等察破其隐秘,遂指被告等行凶,冀图报复"云云。又据元清供:"伊之卧室,与原告相对,是晨突闻原告呼救,即启门出视,不料原告遂将我扭住,指为行凶,请求明察"云云。周庭长讯毕,谕候定

期宣判。①

4月30日,法院宣判:"法乘被科罚金一百元,茂林、默和两僧,则各处罚金五十元。"②与此同时,身败名裂的谛松,在官方通缉下,终于仓皇而逃。

　　以上所举各端,虽主要在凸显谛松个人的争议性,但也说明了寿圣庵监察人长期以来处于相对弱势。在1925年6月的减薪事件中,居间协调的倪学宽,是否为湖州同乡会董事,现难以稽考,但可确知的是,僧人怨怒的短暂平息,并未真正解决寿圣庵的管理缺失,故众僧日后才会集体揭发谛松的行径。此外,在现有资料中,吾人无法判断身为监察人的杨奎侯是否曾经斡旋寿圣庵内部的纠纷。然而,由于在僧侣集体控诉中,提及"自擅主张,起讼护法家追出道契不轨行动"〔第(六)点〕,这就不禁让人联想到,杨奎侯辩护律师所说的"如和尚中有不法者,雇主可以驱逐",难道是因为谛松长期跋扈不受约束,致使杨奎侯最后不得不将道契委托湖社保管?至于谛松备受争议的行径未受监督,推测或与原湖州同乡会的会务长期停顿,③以致董事无暇监理有关。

---

① 《寿圣庵讼案昨又审讯,庵内密室业已封锁,三僧陈述被诬情形》,《申报》第20142期,1929年4月19日,第15版。

② 《寿圣庵和尚涉讼案讯结,法乘等僧分别罚□》,《申报》第20155期,1929年5月1日,第15版。两天后,上海临时法院刑事判决。并见《上海临时法院》,《申报》第20156期,1929年5月3日,第16版。

③ 《湖州同乡昨日开会》,《申报》第18391期,1924年5月12日,第15版。

第二节　湖社对寿圣庵的第一阶段处置

1928 年 7 月 7 日,已知悉杨奎侯意愿的湖社,在第 5 届第 4 次委员会与建筑社所募捐委员会联席会中,做出决定:

> 议决　由社函覆杨君,请其将寿圣庵道契两纸即行送来,一面组织委员会办理寿圣庵事宜。
>
> 委员会之组织如左
>
> 一、定名　湖社处理寿圣庵委员会
>
> 二、委员人数　五人
>
> 三、选举委员　当选五人陈果夫、潘公展、钱新之、姚印佛、沈田莘(参见图 3)
>
> 四、道契送到后,即行召集本社委员会及湖社处理寿圣庵委员会联席会。①

关于"处理寿圣庵委员会",据其内部文件,办事规则共计如下 10 条:

---

① 《摘录筹建社所重要议案》,《建筑湖社社所暨英士纪念堂报告书》,第 80 页;《民国十七年七月七日第五届第四次湖社委员会纪录节要》(编按:即 1928 年 7 月 7 日),《湖社社基全案》,第 2 页。

图 3

资料来源：据陈英士纪念馆展示材料重制。

图片说明：陈氏家族其他成员及宗亲、姻亲。上排左起为陈希曾、陈宝骅；下排左起为温选臣、沈田莘、沈伯先。按：沈田莘也是"处理寿圣庵委员会"的成员，他和陈英士家族有亲属关系。

第一条　本会依据湖社第五届第四次委员会之决议，选举五人为委员，处理关于寿圣庵事件，定名为"湖社处理寿圣庵委员会"。

第二条　本委员会互推主席委员一人，遇开会时，由主席召集之。

第三条　本会职务如下：（一）保管寿圣庵地房财产

（二）执事湖社委员会提交关于寿圣庵处理部分之一切事务（三）表决关于寿圣庵之整顿改革变更及其他一切处理事宜。

第四条　本会关于保管寿圣庵地产单契，应请湖社委员会议决，指定殷实银行保管箱，由本会委员五人盖章签字寄存之。

第五条　凡遇提取寄存银行保管箱之地产单契，应经本委员会之议决，报告湖社委员会同意，并由湖社委员会分别书面通知本会委员委员五人，至少本委员会委员三人以上之盖章签字行之。

第六条　本会处理之事件，应由委员三人以上之表决，报经湖社委员会同意行之。

第七条　凡属关于处理寿圣庵事务之对外文件，应由湖社委员会名义行之。

第八条　本会于必要时，得请湖社委员会敦聘社员或非社员（限于同乡，不拘人数），为本会特聘委员，襄理本会一切事宜，以利进行。

第九条　本会之存废，应由湖社委员会决定之。

第十条　本会办事规则，由湖社委员会通过施行。①

---

① 《湖社处理寿圣庵委员会办事规则》，上海档案馆藏，档号 Q165—2—46。

按杨奎侯于7月底正式交出道契。① 湖社确认此事后，在8月4日的第5次委员会中，即依据办事规则第8条，推举通过赵赐琛、杨奎侯、郁颖芙、郁夔成、朱斯荓(1885—1953)、姚肇第、谢泗亭7人为特聘委员。②

不久，一股紧张气氛在湖社内部弥漫。8月13日，湖社委员会暨处理寿圣庵委员会联席会上，出席者紧急讨论谛松为寿圣庵道契移转提起诉讼之事，在会议记录中记载：

> 寿圣庵住持谛松和尚，延费信惇、赫克孟两律师，代表登报声明"寿圣庵道契一事，已正式起诉"，应如何应付？
>
> 议决　在《新申》《中央》《民国》《时事》《新》五报，登紧要通告声明现在寿圣庵住用之房屋基地、道契及权柄单，由本社保管之经过及方法。③

按费信惇(Stirling Fessenden，1875—1943)、赫克孟都是当时上海有名的外籍律师，尤以前者的社会影响力更大。费信惇在1905年与其他外籍律师合组律师事务所，后为佑尼干律师事务所合伙人兼律师。他在1920年入选工部局董事会，1923到1929年

---

① 《杨奎侯先生来函(为送交寿圣庵住用之房屋基地道契及权柄单由)》《致杨奎侯先生函(为收到寿圣庵住用之房屋基地单契并知照组织处理寿圣庵委员会由)》，《湖社社基全案》，第4页。
② 《摘录筹建社所重要议案》，《建筑湖社社所暨英士纪念堂报告书》，第81页。
③ 《委员会与处理寿圣庵委员会联席会议》，上海档案馆藏，档号Q165—1—14。

间任董事会总董,1929 至 1939 年间任职工部局总裁(最高负责人)。① 所以,谛松委托他代为登报声明,不无恫吓湖社的用意。

由于寿圣庵道契案即将开庭,在 9 月 1 日的第 5 届第 6 次的联席会中,王之敬、张枬声、沈阶升、沈延祥诸委员,提议处置寿圣庵的彻底办法及处委会提议案,结果大会作出 5 项议决,除了第 1 项之外,其余 4 项都是声援杨奎侯的:

> (二)谛松和尚控诉杨奎侯先生一案,将来法院受审时,请朱斯苐、姚肇第两社员到院旁听。
>
> (三)公推汤济沧赴苏,与杨蔚霞先生接洽补具介绍谛松和尚介绍书事(按致杨蔚霞函已于 8 月 18 日寄出)。
>
> (四)杨奎侯先生诉讼费,由本社担任,最高限度为二百元,于各审终了之后致送。如将来第三审不在上海,酌加川资旅费。
>
> (五)通知杨奎侯先生,寿圣庵住用房屋系同乡公产,已由市政府批准立案(按已于 8 月 28 日核准),并抄送市府批词。②

---

① 关于费信惇(Stirling Fessenden)的生平简介,参看史梅定主编:《上海租界志》,上海社会科学院出版社 2001 年版,第 621 页。
② 按第 1 项为"王委员等提议案,暂行保留。"详见《第五届第六次委员会、处理寿圣庵委员会联席会议》,上海档案馆藏,档号 Q165—1—14。

值得一提的是,陈果夫亦提议寿圣庵住持规则,经议决修改通过,全文计 10 条:

第一条　本庵住持僧一人,由湖社处理寿圣庵委员会延任之。

第二条　住持僧必须受有菩萨戒,考查戒牒,文书实在,品行善良者为合格。

第三条　住持僧职务如下:

一、领导常住众僧,供奉原立佛像,朝晚功课,不得间断。

二、凡遇忏事,领导众僧,虔诚礼拜。

三、负责管教常住众僧,恪守清规。

四、关于忏事收入之忏金,除应依照大例,支给礼忏之僧众工资外,其余悉数交由司事登账收储。

五、听从湖社议决关于本庵之一切事务。

第四条　本庵常住僧,至多不得过　人。

第五条　住持僧一人,仍照向例,每月支薪工银贰拾元整。

第六条　住持僧如有违背戒例暨一切不守清规情事,及逾越或违反本规则者,湖社处理寿圣庵委员会,得即撤退之。

第七条　本庵雇用香伙及厨司,至多不得过　人。

第八条　本庵设司事正副各一人,掌管银钱出纳及办理接受借办丧事等事宜,正副司事均由湖社处理寿圣庵委员延用。

第九条　本庵银钱收支,按月由司事及住持,列名开具清册,报告湖社处理寿圣庵委员会备考。

第十条　本规则由处理寿圣庵委员会议决,经湖社委员会核准施行。①

就在谛松与杨奎侯、湖社间的官司审理阶段,寿圣庵僧人集体揭发谛松恶行,湖社遂解除谛松的住持职务。1928 年 12 月,湖社在致上海市政府的公函上说:

呈为呈请事:窃奉

钧府民国十七年(1928 年)八月二十八日第九七八号批开湖社委员会委员陈其采等呈二件,为陈明寿圣庵设立原因及性质请免予登记由,两呈均悉,据称该庵系同乡出资建造,延僧主持。复据检呈证明文件到府审核尚属确实,应准备案,仰即知照此批等因。奉此自应厘定该庵管理规则,以便执行。复查该庵现在住持谛松,于民国七年(1918 年)间由杨蔚霞介绍延雇,自经本社接管该庵,仍令继续住持,无如劣根不净,有背清规,应即通知谛松辞退职务,以便另行延雇安分守规之僧徒住持。为特抄呈管理规则具文呈请准予备案,批令祗遵实

_____
① 《寿圣庵住持规则》,上海档案馆藏,档号 Q165—2—46。

为公便,谨呈

上海特别市政府

抄呈规则　　　　　　　湖社委员会主席委员

中华民国十七年(1928年)十二月　日

管理寿圣庵规则

一、管理人应雇用道德高尚之僧人,在庵住持,专司礼拜经忏事务。

二、管理人应雇用诚实可靠者两人,在庵办理收支账目及其他事务。

三、庵中除住持僧人及雇用之办事人,暨仆役外不得逗留其他人等住宿。

四、庵中不准赌博,及吸食鸦片等不正当行为,并遵守地方官应治安章程,不得违背。

五、管理人得随时查察庵中有无违背规则,以尽管理责任。

六、住持僧如有不守佛教清规,及违犯规则情事,管理人应即将其撤退之,另行选雇僧人住持。[1]

因此,1929年2月,湖社即依据"寿圣庵管理规则"第1条,去函斥

_____

① 《呈上海特别市政府文(为呈报撤退原住持谛松并录送管理寿圣庵规则请准备案由)》,《湖社社基全案》,第8—9页。

退谛松,改雇谛明为住持。① 也就是说,湖社认肯谛明是"道德高尚之僧人",故以他来取代谛松。此际,由于谛松在一审判决中败诉,加上他后来因密室丑闻遭通缉,故谛明遂能重新接掌寿圣庵住持。

第三节　湖社对寿圣庵的第二阶段处置

本来,湖社对寿圣庵的处置,至此可以告一段落,在维持现实的前提下,湖社延聘谛明主持,不无重振寿圣庵之可能,而众僧与住持间的关系,预期也能恢复和谐。不过,谛明和湖社间的蜜月期,实际上非常短暂。就在 5 月初湖社正式建请政府"于社所内建立先烈陈公英士纪念堂,具呈国民政府,请予鉴核,并请补助建筑英士纪念堂经费"②,以及 8 月中旬分呈江苏省政府、上海特别市市政府文为变更寿圣庵公产作用备案后,③双方关系急转直下。这时,湖社不只与住持为敌而已,更与寿圣庵全体僧侣为敌,形势较诸谛松当家时更为严峻。

前文指出,湖社原本计划在金神父路或要西爱咸斯路等处,寻觅会所的建筑基地。至于湖社后来修正构想,自以杨奎侯交出寿

---

① 《致谛松僧函(为撤退住持令速出庵由)》《致谛明僧函(为雇充寿圣庵住持由)》,《湖社社基全案》,第 12 页。

② 《摘录筹建社所重要议案》,《建筑湖社社所暨英士纪念堂报告书》,第 83 页。

③ 《分呈江苏省政府、上海特别市市政府文(为变更公产作用请准备案由)》,《湖社社基全案》,第 23—24 页。

圣庵道契为契机，但湖社可能未预料到，此事处理起来格外费劲。不过，湖社为何改变初衷，而计划在寿圣庵原址建立社所和英士纪念堂呢？姚印佛说：

> ……嗣于民国十四年（1925年），湖社议建社所，多方搜求，竟乏相当地点。至十五年（1926年）四月十六日，湖社执行委员会常会，由沈田莘先生提出以寿圣庵改建社所，讨论进行。[1]

原来，最早提议以寿圣庵基地改建设所的，是湖社的执行委员沈田莘（1884—?），其理由是找不到其他合适地点建筑社所。但须留意的是，当时杨奎侯尚未将该庵道契交托湖社保管，故以寿圣庵基地建筑社所的构想，仍在纸上谈兵阶段。待杨奎侯正式委托湖社管理后，运用寿圣庵基地改建社所的想法，顿时就变得明朗化起来。1929年5、6月间，湖社在呈国民政府文中，说道：

> ……因念该地（即寿圣庵）交通便利，适居沪市中心。如果于敝社所之内建筑规模宏大之英士纪念堂一所，则美轮美奂厦屋渠渠，不第乡邦后进得以纪念先贤，而令沪人士可永资景仰，浩气英风，传之不朽。[2]

---

[1] 《湖社社基全案》，"姚印佛序"，第1页。
[2] 《呈国民政府文（为呈请循案筹建先烈陈公英士纪念堂并请拨款补助由）》，《湖社社基全案》，第18—20页。

而1930年初,谛明在上书国府时也说:

> 今涌和尚,初在寿圣庵比结茅屋数间,苦行修道。当时,该处一片荒凉,地价极贱。……曾祖师惨淡经营,逐渐建设。……念岸祖师任住持后,亦煞费苦心,购进庵后余地,翻造大厅、中厅、地藏殿、斋堂等屋宇,规模较前尤壮。……①

如此看来,湖社打算运用寿圣庵基地的意图便很明显了,不外乎就是着眼于该处"交通便利,适居沪市中心"及原址规模宏伟了。换言之,在寿圣庵道契的出现之前,湖社势必得依原订计划在他处寻觅社所建地,但在杨奎侯交出寿圣庵道契后,湖社自不免视寿圣庵为己有。所以,当诉讼仍在一审阶段,1928年10月29日,"湖州会馆董事、湖社委员,在功德林议决寿圣庵迁移湖州会馆,原址建筑湖社社所。"②

谛明接任寿圣庵住持不久,谛松密室适巧丑闻曝光。是时,上海市政府勒令湖社整顿寿圣庵,而湖社亦回函表示已雇谛明从事整顿。③ 然而,在1929年5月4日的第5届第14次委员会中,处

---

① 《陈英士先生纪念堂兴建案》,台北"国史馆"藏,档号001—014003—0004,第0309面。
② 《大事摘记》,《建筑湖社社所暨英士纪念堂报告书》,第75页。
③ 《奉上海特别市市政府训令(为准上海特别市党部函请封闭寿圣庵严办住持以维风纪由)》《呈上海特别市政府文(为呈复奉令整顿寿圣庵并请俯照歌电迅予施行由)》,《湖社社基全案》,第16—17页。

理寿圣庵委员会提出建筑社所办法案后，①"整顿寿圣庵"与"建筑社所"二事便关联起来了。湖社呈国民政府文说：

> 查敝社管有坐落上海公共租界北京路寿圣庵住用之基地一方，向为同乡捐资购置之产，设庵礼忏，议有移换清净地址，而劣僧盘踞多年，尤属有碍风化，敝社同人，前会郑重议决，就该庵基地改建社所，为设施公益事业之需，业已募得建筑经费五万元，即拟择日兴工，……②

这也就是说，湖社把就地改建社所、迁移寿圣庵至清静地点，作为整顿寿圣庵的手段，但真正的目的是想利用寿圣庵现址改建社所。7月9日，第6届执监委员会、处理寿圣庵委员会达成3项共识：

（一）以寿圣庵全部及佛像够住为标准。

（二）湖州会馆内驻军设法请即迁出，如一时未能全部即迁，则指定移佛像之部位应即他迁。

（三）限一个月内迁移，迁移经费如有不敷，本社酌量

---

① 《大事摘记》，《建筑湖社社所暨英士纪念堂报告书》，第75页；《民国十八年五月四日第五届第十四次湖社委员会纪录节要》（编按：即1929年5月4日），《湖社社基全案》，第15页。

② 《呈国民政府文（为呈请循案筹建先烈陈公英士纪念堂并请拨款补助由）》，《湖社社基全案》，第18—20页。并见《陈英士先生纪念堂兴建案》，台北"国史馆"藏，档号001—014003—0004，第0274—0280面。

补贴。①

必须一提的是,湖社后来并未将寿圣庵迁出,何以出现此种转折呢? 据湖社内部资料记载:

> 王委员一亭提议,寿圣庵不宜迁入湖州会馆,再另行购地起建。
>
> 张委员廷灏提议,七月七日之同乡大会,寿圣庵迁入湖州会馆一节,已经议决,不能推翻。
>
> 陆委员思安提议,照本日议决寿圣庵迁移事祇限一月,若另欲租地建屋,时间、经费均感困难,应以寿圣庵迁入湖州会馆为宜,否则既负七月七日同乡大会议决案,并阻碍建筑社所事务。
>
> 周委员由廑责问,明日在丝茧公所内会议之态度,应取寿圣庵不迁入湖州会馆态度? 抑取寿圣庵应迁入湖州会馆态度? 请公决。
>
> 议决　限一月内将寿圣庵迁移,并请明日出席之委员负责办理。②

---

① 《摘录筹建社所重要议案》,《建筑湖社社所暨英士纪念堂报告书》,第 85 页。
② 《第六届执监委员会、处理寿圣庵委员会联席会议记录》,上海档案馆藏,档号 Q165—1—14。

换言之,另行觅地建寺以安顿寿圣庵,原本即是王一亭的主张(故前述湖社上国府文中的此一构想,很可能是王一亭所提出)。但因时间、经费都不应允,寿圣庵最后并未他迁,最后决定于社所后方辟建精舍,作为长久安置之计。①

湖社本意不在消灭寿圣庵,但就地改建社所的企图,却激起寿圣庵上下的不安与公愤。于是,谛明坚拒湖社要求,不惜与湖社对簿公堂;湖社则祭出各级行政命令,迫使寿圣庵僧人就范。求助无门的寿圣庵,虽获得佛教界的声援,但终究无济于事。以上经过,皆已详述如前。

由于当局之迭令搬迁,无法撼动僧众守庵的意志,湖社对寿圣庵的态度遂转趋强硬。1929 年 12 月,湖社分呈江苏省政府、上海特别市政府文说:

> 呈为呈请事,窃敝社前将管有之向为湖人旅沪同乡出资购置坐落上海公共租界北京路地方寿圣庵住用之房屋基地公产,建立先烈陈公英士纪念堂。呈准 国民政府核发补助建筑经费银五万元。并具文
> 钧府呈报变更公产作用,旋奉
> 令准备案,查该庵僧徒前次不守清规,报传劣迹,舆论沸腾,实未便任其再留原处,至该基地房屋,本属公产,今呈奉
> 国府令准建造 先烈英士纪念堂,昭示来兹,永资景仰,最为

---

① 《摘录筹建社所重要议案》,《建筑湖社社所暨英士纪念堂报告书》,第 94 页。

适当。兹因兴工在即,叠令该庵僧迁移,乃该庵僧迄今盘踞顽抗不让,理合具文,呈请钧府,迅赐令行、转咨上海公共租界临时法院,谕饬该寿圣庵住持谛明等即日迁移,以便兴工。实为公便,除呈

国民政府外,谨呈

江苏省政府

上海特别市政府

湖社委员会主任委员

委员

中华民国十八年(1929年)十二月　日①

湖社以"该庵僧徒前次不守清规,报传劣迹,舆论沸腾,实未便任其再留原处",作为要求寿圣庵僧众迁移的理由之一。后国府捎来回函说:

迳启者,奉

主席发下　贵会呈为英士纪念堂,应于该社管有之寿圣庵基地建筑,奈该庵不守清规之僧徒,盘踞不让,恳分令江苏省政府,暨上海特别市,转行上海公共租界临时法院,谕饬该住持谛明等即日迁移,以便兴工一案。奉

① 《分呈江苏省政府、上海特别市政府文(为请转令、咨临时法院谕饬寿圣庵僧日迁移由)》,《湖社社基全案》,第25—26页。

谕交行政院核办等因。除函交外，相应函达

查照，此致

湖社委员会

国民政府文官处启印　十二月十二日①

连蒋主席都概称据守不让的寿圣庵僧众为"不守清规之僧徒"，这就可见中央对此事已十分不悦与不耐。而江苏省政府的回函更严厉地说："令仰该院勒令该庵住持，限日迁让，毋稍玩延！如敢违抗，即予拘究！"②

　　面对官方的不断施压，谛明只好对湖社提起产权诉讼，其立足点基本上与谛松一样，亦是援引政府保障宗教的原则，来确保对寿圣庵的管理权。由于湖社坚持寿圣庵基地与寺宇，皆为湖州同乡募资购置，1930 年 1 月，谛明在请求确认所有权的诉状中说：

　　　　查寿圣庵既为金涌和尚苦修建立，并念岸和尚扩充庙宇，所有购地建筑之资，为各姓所捐助，并非湖帮所独建有，庵内匾额等可证。……③

① 《国民政府文官处来函（为奉主席交下据呈请分令转饬法院谕令寿圣庵僧即日迁移由）》，《湖社社基全案》，第 27 页；《陈英士先生纪念堂兴建案》，台北"国史馆"藏，档号 001—014003—0004，第 0294—0295 面。
② 《院令饬知勒限办理寿圣庵改建英士纪念堂》，《江苏省政府公报》1930 年第 330 期，第 12 页。
③ 《谛明显进等请确认所有权诉状》，《湖社社基全案》，第 45 页。

他在上国府的第一封陈情文中更指出：

> 曾祖师以德行感动宁波善士李德胜檀越，发大宏愿，捐巨资独建大雄宝殿。……①

此种说词，反映了谛明的奋力一搏，他请求政府客观调查寿圣庵产业来源，藉此来翻转法官的成见。等到开庭前夕，一则政府催令湖社兴建英士纪念堂的新闻，②再度促使谛明上书国民政府：

> 为续请停止执行事，窃湖社朦请
>
> 钧府批准，将敝庵改建先烈陈英士纪念堂一案，敝庵曾于本年一月二十日，呈请
>
> 钧府停止执行，侯法院判决确定后，再行依法办理等情，定荷
>
> 钧鉴。查本案已奉上海租界临时法院，定于本月二十四日下午二时开庭审理，两造诉讼当事人，均应受诉讼拘束，静候法院依法判决。今日忽阅《新闻报》载《令催湖社兴筑陈英士纪念堂》新闻一则，曷胜诧异？查人民财产应受法律保障，为先总理遗教所明定，亦为国家立法之原则，断不能恃强侵害

① 详见《陈英士先生纪念堂兴建案》，台北"国史馆"藏，档号 001—014003—0004，第 0309 面。

② 亦见《令催湖社兴筑英士纪念堂》，《申报》第 20424 期，1930 年 2 月 7 日，第 14 版。

为果，开此恶例，则一般民众，将人人自危。况值

　　钧府高唱法治，撤废领事裁判权之际，倘不顾威信，藉行政势力，蹂躏人民权利，非特无以取信于中外人民，将何以解于悠悠之口？诚恐前呈或有未达，为再附呈副本，伏乞

　　钧府以国家威信为重，查照前呈，迅赐令知行政院，转行省政府、上海特别市政府、上海租界临时法院，停止执行，以保私权，而示大公，实为德便。谨呈

　　国民政府

　　中华民国十九年（1930年）二月八日

　　　　　　　　具呈人寿圣庵僧谛明

　　　　　　　　代撰律师黄翰　印①

惟政府对此事早有定见，故谛明的陈请，最后未能如愿。因此，在临时法院宣判1个月后，他只好率领寿圣庵僧人走上街头游行抗议。② 但随着5月中旬社所暨英士纪念堂奠基礼在即，一连串迁移与临时安置措施也陆续启动，旧的寿圣庵终于在各方的关注下走入历史。

---

① 《陈英士先生纪念堂兴建案》，档号001—014003—0004，第0329—0330面。
② 《寿圣庵之和尚请愿团，寿圣庵限今日迁让，百（原作白，迳改）余和尚大起恐慌，整队持香□行请愿，临时法院昨日奇观》，《申报》第20470期，1930年3月25日，第15版。

第五章　余论

1932 年 7 月,陈英士纪念堂竣工。[①] 事隔约半个月,郑逸梅 (1895—1992)发表了一篇缅怀陈英士的文章:

> 陈英士之纪念塔,既巍立于沪上方滨路口,兹北京路又以 成立纪念堂闻矣,伟人之身前抱大无畏精神者,固当垂后人之 景仰于永久也。客有与英士先生有旧者,为述英士先生曩赴 胡家吊奠,胡家固假寿圣庵为丧幕者也。客与胡家为葭莩亲, 亦往应酬焉。是日与先生同席,先生思想新颖,谓繁华都市 中,不宜设为清静之佛地。此等庵观,大可改筑为图书馆及名 人纪念堂之用,同席聆之者,咸不以为意也。不料事隔若干 年,先生奋然而为革命先进,功成身死。又隔若干年,竟将寿

---

① 《摘录筹建社所重要议案》,《建筑湖社社所暨英士纪念堂报告书》,第 98 页。并 请参看《陈英士先生纪念堂兴建案》,档号 001—014003—0004,第 0387— 0389 面。

> 圣庵旧址,改为英士纪念堂,且美轮美奂,与西门之纪念塔,为表扬勋迹之二大建筑物,当非先生生前意料之所及也。……①

上文盖意指陈英士思想先进有先见之明,但不无为英士纪念堂落成事锦上添花之意。回顾湖社社所及纪念堂之从无到有,湖社为了处置寿圣庵,的确也是费尽心力的,一方面既要面对官司、动用行政资源,另一方面又得迁移佛像法器、安顿僧人,至于相关款项的结清、筹款,屋宇的拆除、设计和重建等等,都需群策群力,故劳顿自不在话下。不过,由于湖社核心人物的党政财经背景,与其本身的组织纪律,最终实现了建筑社所与纪念堂的理想。但平心而论,湖社与寿圣庵僧人间的缠讼过程,着实漫长而辛苦,这一方面与《临时约法》赋予百姓平权的观念、相关法令对庙产的保障有关;另一方面,则与晚清民国以来律师制度的引入所形塑的大时代氛围不无关联。

从法制面来看,民国成立以后,《临时约法》赋予的自由平等观,等于解除了各阶层人民封建礼教的禁锢。许效正说,《临时约法》的颁布,对庙产问题产生广泛而深远的影响:(一)唤醒了宗教人士的国民意识与平等意识。(二)改变了清末以来征用庙产的标准。(三)使清末以来征用庙产的行为失去合法依据。(四)赋予民

---

① 《陈英士旧话》,《申报》第 21309 期,1932 年 8 月 3 日,第 17 版。

众聚集力量的手段。① 国民政府定都南京以后,随着政治社会的安定,法制建设也渐渐步上轨道,与庙产管理有关的法令,也陆续修正颁布,而寿圣庵案的审理,恰巧就在这一阶段。1927 年 10 月,上海特别市政府公告《寺庙注册暂行条例》,规定"新设寺庙须注册后始得设立,已设寺庙须注册后始受保护。"②是以,寿圣庵住持谛松乃向杨奎侯一再索取地产单契;事为赵赐琛所闻,乃奔走各方,商谋解决。③ 1928 年 7 月中旬,内政部颁布《寺庙登记条例》,④要求各级政府遵办。同年 7 月底,杨奎侯将寿圣庵道契委托湖社管理,湖社并于 8 月上旬告知谛松此事。⑤ 不久,湖社去函上海特别市政府,陈明寿圣庵设立原因及性质,请免予寺庙登记。后谛松为向社会局登记,向杨奎侯索取道契不成,乃控告杨奎侯私相授受,并于 12 月追加湖社为被告。1929 年 2 月初,临时法院召开辩论庭,双方律师针锋相对。数日后,法院宣判原告败诉。是时,国民政府甫颁布《寺庙管理条例》,⑥该条例第 4 条规定"寺庙僧道有破坏清规、违反党治及妨害善良风俗者","以命令废止,或解散

---

① 许效正:《试论〈临时约法〉对庙产问题的影响》,《贵州文史丛刊》2010 年第 1 期,第 20 页。
② 陈金龙:《从庙产管理看南京国民政府时期的政教关系——以 1927—1937 年为中心的考察》,《华南师范大学学报(社会科学版)》2006 年第 5 期,第 104 页。
③ 这段话出自姚印佛的追述,参见《湖社社基全案》,"姚印佛序",第 1 页。
④ 《寺庙登记条例》全文和表格,可参见《河北民政汇刊》第 2 编,1929 年 2 月,第 1—13 页。
⑤ 《致寿圣庵僧谛松函(为仍续继延雇为住持函)》《致朱斯荦律师函(为答复前询保管方法由)》,《湖社社基全案》,第 4—5 页。
⑥ 《寺庙管理条例》全文,请参见《河北民政汇刊》第 2 编,第 1—4 页。

之"。此外,第9条关于寺庙财产的保管方法,规定:(一)有僧道主持者,应由该管市、县政府与地方公共团体以及寺庙僧道各派若干人合组庙产保管委员会管理之。(二)无僧道主持者,应由该管市、县政府集合地方公共团体,组织庙产保管委员会管理之。(三)由地方公共团体主持者,呈请该管市、县政府备案,归该团体组织庙产保管委员会管理之。第5条更规定"寺庙废止或解散时,应将所有财产移归该管市、县政府或地方公共团体保管。"以上条文内容,基本上剥夺了僧道的自主权,使得地方政府、公共团体介入寺产管理有了法律依据。当时,谛松本欲上诉寻求翻案,但因丧失了住持资格,无法继续代表寿圣庵打官司。后更因"密室丑闻"的意外曝光,一时间舆论汹汹,谛松乃遭当局通缉。于是,三区党部顺势提案严办寿圣庵住持、将寿圣庵财产充公,上海特别市政府则斟酌现况,训令湖社封闭并整顿寿圣庵,此一措施应是依据《寺庙管理条例》第4条、第5条和第9条第1款而来的。或许因为形势有利于湖社,核心成员遂逐步落实其就地改建社所暨英士纪念堂的理想。不过,就在1929年8月中旬湖社正式呈请变更寿圣庵的公产作用后,湖社雇用的住持谛明便率领僧众群起抗争,最后更不惜与湖社对簿公堂。同年12月,国府公告《监督寺庙条例》,[1]明文提高了僧道的地位,如第6条规定"寺庙有管理权之僧道,不论用何名称,认为住持","寺庙财产及法物为寺庙所有,由住持管

---

① 瞿海源辑:《"中华民国"有关宗教法令及法律草案汇编》,《民族学研究所资料汇编》第2期,1990年3月,第124—125页。

理之"，第 8 条规定"寺庙之不动产及法物，非经所属教会之决议，并呈请该管官署许可，不得处分或变更。"但第 3 条却加了但书，亦即凡"由政府机关管理者""由地方公共团体管理者"和"由私人建立并管理者"，皆不适用本条例的规定。由此可知，已成为湖社所属的寿圣庵（经官方核备在案的湖州同乡庵堂），其实并不适用《监督寺庙条例》，即使谛明、谛松据理力争，也无力扭转既成事实，何况他们并不以此理由被判败诉！

上海律师业的发达，也是值得关注的课题。据陈同研究，辛亥革命发生后，因《公共租界会审公廨华务民事案件办法》《法租界会审公廨律师辩护章程》的相继公布实施，不同程度地放宽了华人聘用律师的限制，故外籍律师的业务范围随之扩大（在 1926 年以前，可谓在华外籍律师的全盛期），[1]而这也势必唤醒华籍人士捍卫自身权益的自觉。另孙慧敏也说，在 1900 年代左右，上海已是中国最大商埠，故当民国开始于 1912 年实行律师制度时，外国律师已在上海租界执业超过半世纪。在 1926 年政府收回公共租界会审公廨主权以前，上海华界、公共租界与法租界，并非属于同一司法权的管辖范围，使得中国律师在上述三地界，受到不同程度的限制与挑战。以公共租界为例，1910 年代的上海，随着中国政府开始发放律师执照，公共租界会审公廨很快就承认中国律师的执业资格，故当地的律师市场发展较为成熟，不少华籍商民也早已习惯

---

① 陈同：《民国时期对外籍律师的限制——以上海为例》，《史林》2007 年第 4 期，第 3 页、第 16 页。

聘用律师在法庭上争取、维护自身的权益。惟如以1926年8月《收回上海会审公廨暂行章程》签订为分水岭，在此之前，即使单纯的华务案件，绝大多数的华籍诉讼者仍偏好委任外国律师。[①]此后，因政策对外籍律师执业限制日多，华务案件的原、被告两方，只能聘请华籍律师代表诉讼。话虽如此，外籍律师仍可为华人处理非诉讼事务，[②]如下表所示费信惇、赫克孟代理登报声明即是一例。在本书所讨论的寿圣庵事件中，因该案是发生于1926年之后的公共租界，故我们不仅看到诉讼双方都延聘华籍律师，更发现连僧侣也不乏遇事咨询、委任律师者。下表是从相关的文件、档案与报导中，依时间先后与事由，整理出来的两造律师名单：

表1　寿圣庵与湖社官司双方律师一览表(含寿圣庵僧人互控案)

时间	事由	原告代理律师	被告代理律师	附注
1928年7月	代表谛松询问保管单契方法	朱斯苇[③]		

---

① 孙慧敏：《制度移植：民初上海的中国律师(1912—1937)》，台北，"中央研究院"近代史研究所，2012年版，"导论"，第23—25页。她另有一篇讨论晚清引进律师制度的论文，也可一并参考，详见《清末中国对律师制度的认识与引介》，《"中央研究院"近代史研究所集刊》第52期，2006年6月，第165—210页。

② 陈同：《民国时期对外籍律师的限制——以上海为例》，《史林》2007年第4期，第7页、第16页。

③ 《朱斯苇律师来函(为代表寿圣庵询问保管单契方法由)》，《湖社社基全案》，第2—3页。

时间	事由	原告代理律师	被告代理律师	附注
1928年8月	谛松登报声明"寿圣庵道契一事,已正式起诉"	费信惇、赫克孟①	不详	
1928年9月	上海临时法院首度开庭审理谛松与杨奎侯的官司	范刚②		朱斯苐、姚肇第旁听③
1928年12月	上海临时法院二度开庭审理谛松与杨奎侯、湖社的官司	潘承锷、范刚④	不详	
1929年2月	上海临时法院对谛松与杨奎侯、湖社的官司进行宣判	范刚、刘史超、潘承锷⑤	王焕功(代表杨奎侯)、何世枚与姚肇第(代表湖社)⑥	
1929年3月	谛松控告默和、法乘刑事案首度开庭	不详	朱斯苐⑦	僧人互控

① 《委员会与处理寿圣庵委员会联席会议》,上海档案馆藏,档号 Q165—1—14。
② 寿圣庵住持控湖社董事:请将寿圣庵道契交还,堂□两造先外出和解》,《申报》第 19952 期,1928 年 10 月 1 日,第 15 版。
③ 《第五届第六次委员会、处理寿圣庵委员会联席会议》,上海档案馆藏,档号 Q165—1—14。
④ 《谛松原诉状》,《湖社社基全案》,第 37 页。
⑤ 上海公共租界临时法院判决书》,《湖社社基全案》,第 39 页。
⑥ 上海公共租界临时法院判决书》,《湖社社基全案》,第 39—40 页。
⑦ 《寿圣庵中有密室乎? 铜床香水香粉等俱备,朱斯苐律师言之凿凿,谛松和尚均一律否认》,《申报》第 20122 期,1929 年 3 月 30 日,第 15 版。

时间	事由	原告代理律师	被告代理律师	附注
1929 年 4 月	谛松控告默和、法乘刑事案二次开庭	不详	朱斯荩①	僧人互控,姚肇第代表被告作证②
1929 年 5 月	谛松由律师陪同返庵,驱逐谛明	张元枚、俞承枚③		
1929 年 3 至 7 月	谛松向上诉院提起翻案	张元枚、俞承枚④	何世枚、姚肇第⑤	
1930 年 2 月	谛松重行起诉杨奎侯、湖社	不详	不详⑥	
1930 年 1 至 2 月	谛明、显进等请求确认寿圣庵所有权	黄翰⑦	姚肇第(代表湖社)、王焕功(代表杨奎侯)⑧	

---

① 《寿圣庵讼案昨又审讯,庵内密室业已封锁,三僧陈述被诬情形》,《申报》第 20142 期,1929 年 4 月 19 日,第 15 版。

② 《寿圣庵讼案昨又审讯,庵内密室业已封锁,三僧陈述被诬情形》,《申报》第 20142 期,1929 年 4 月 19 日,第 15 版。

③ 《寿圣庵仍由谛明住持,前住持谛松已遵□离庵》,《申报》第 20197 期,1929 年 6 月 15 日,第 16 版。

④ 《谛松上诉状》,《湖社社基全案》,第 43 页。

⑤ 《湖社辩诉状》,《湖社社基全案》,第 44 页。

⑥ 《寿圣庵住持又控争道契,无力缴纳巨款讼费,请求另具相当保证》,《申报》第 20443 期,1930 年 2 月 26 日,第 15 版。

⑦ 《谛明显进等请确认所有权诉状》,《湖社社基全案》,第 46 页。

⑧ 《湖社辩诉状》,《湖社社基全案》,第 47 页。

时间	事由	原告代理律师	被告代理律师	附注
1930 年 9 月	江苏高等法院第二分院判决	不详	何世枚、姚肇第①	
1931 年 2 月	江苏上海特区地方法院判决	黄翰②	姚肇第(代表湖社)、王焕功(代表杨奎侯)③	

由表 1 可知,在原告方面,谛松先后聘请过 8 位律师,谛明请过 1 位;在被告方面,湖社延请过 2 位律师,杨奎侯请了 1 位,默和、法乘也请过 1 位。所以,原告与被告的律师比为 9:4,若以个别对象除以律师总数,以谛松的 61.5% 最高,至于湖社仅占 15.4%,这大致反映了谛松的好讼与不易妥协的性格(寿圣庵官司即是谛松主动兴讼的)。值得留意的是,代表湖社的律师朱斯荢和姚肇第,本身就是湖社社员,更是"处理寿圣庵委员会"的特聘委员。特别是朱斯荢,他在诉讼发生前,甚至还曾代表谛松询问湖社保管寿圣庵道契的方法。故由此案可管窥,除了前述政策面放宽的主因外,公民意识的逐渐觉醒,又反馈地刺激了上海律师业的蓬勃发展。据统计资料,1930 年代初期的上海,律师的密集程度,几乎已达二十一世纪开端的水平。如 1932 年时,上海市平均每万名人口中,就有 3.23 名律师;而在 2004 年前后,上海市平均每万名

---

① 《江苏高等法院第二分院判决书》,《湖社社基全案》,第 47—48 页。
② 《江苏上海特区地方法院判决书》,《湖社社基全案》,第 49 页。
③ 《江苏上海特区地方法院判决书》,《湖社社基全案》,第 49 页。

常住人口中,约有 3.6 位律师。① 凡此皆说明了民初上海律师市场的活跃,这自是上海现代化过程中一项重要的表征。

若以"寺庙与权力三角网络"②检视寿圣庵事件中官员、地方菁英、神职人员的关系,可以很清楚地看到,神职人员所处的劣势。这一方面固然有其自身的因素,但地方菁英与官方的一致立场,终究使得神职人员无力回天。值得关注的是,湖社接管寿圣庵之后,除了欲利用现有基地建成社所外,确实也想对该寺庵整顿一番,这虽是作为管理者的责任感所使然,但明显和传统寺院以住持作为管理者、居士作为监察人的观念是迥异的。在此,我们不能不提及王一亭(参考图4)。前面说过,在1929年6月,湖社为兴筑陈英士纪念堂呈请国民政府补助时,主张将寿圣庵"移换清净地址",在众多的联署人当中,就包括了王一亭。③ 经笔者考证,此一移换地址的构想,很可能即是王一亭所提出。但根据康豹(Paul R. Katz)

---

① 孙慧敏综合3位中外学者的意见,概括说明1930年代初期,北平、上海两地的律师业荣景。详见《制度移植:民初上海的中国律师(1912—1937)》,"导论",第3—4页。并请进一步参照 Alison W. Conner, "Lawyers and the Legal Profession during the Republican Period", in Kathryn Bernhardt and Philip C. C. Huang, eds., *Civil Law in Qing and Republican China* (Stanford: Stanford University Press, 1994), p. 230;邱志红:《民国时期北京律师群体探析》,《北京社会科学》2008年第4期,第58页;郭春涛:《我国律师及律师业发展调研报告》,《中国司法》2007年第7期,第46页。

② 康豹(Paul. R. Katz):《中国帝制晚期以降寺庙仪式在地方社会的功能》,林富士主编:《中国史新论——宗教史分册》,台北,"中央研究院"、联经出版公司2010年版,第384页。

③ 参见注46,并详《陈英士先生纪念堂兴建案》,档号001—014003—0004,第0274—0280面。

图 4

图片说明：1906 年，王一亭（左上）与沈缦云等人共同创办了中国第一家商办银行——上海信成银行。左下则为南浔富商张鉴、邱镕成创办的上海通易银行股票。按：王一亭不只是湖社骨干，也是颇孚众望的佛教居士，但他并不是"处理寿圣庵委员会"的成员。

研究，1920 到 1930 年间，王一亭与圆瑛大师一起阻止佛教寺院与财产的充公。[①] 沈文泉也提到，"王一亭不仅保护身边的、近在眼前的寺院，还本着佛教一家的精神，努力保护那些远在天边的寺院

---

① 康豹著，刘永中译：《一个著名上海商人与慈善家的宗教生活——王一亭》，《从城市看中国的现代性》，第 286 页。

及其寺产。"①这就不免让人疑惑,寿圣庵产权的处置上,何以王一亭不阻止湖社的企图? 笔者认为,因王一亭是沪上具有深刻影响力的佛教居士,②故他对待寿圣庵的态度,其实大可不必怀疑。不过,由于寿圣庵在湖州同乡的心目中属公产性质,身为湖社一员的王一亭,自无立场将寿圣庵视为寻常寺庙,如因护法立场损及湖社的利益,实在不是智者所应为,故最好能有两面兼顾的解决之道,这就可以解释他先前曾主张"另行觅地起建"来安顿寿圣庵的想法了。个人臆测,王一亭在得知湖社想利用寿圣庵基地改建社所后,事先考虑到僧人们必然反弹,故提议应为寿圣庵另觅建地整体搬迁,此种以一地换一地的方式,既能满足湖社需要,又较易于对寿圣庵僧人交代,或许是个两全其美的办法,无奈后来事与愿违,湖社与寿圣庵几乎两败俱伤。

最后值得一述的是,在 1930 年 1 月,谛明上书国民政府陈情时,在文末强调:"钧府明令撤废领事裁判权之际,沪上为中外观瞻之地,夙仰钧府以国家威信为重,断不至以政治权力,干涉司法。

---

① 沈文泉:《海上奇人王一亭》,第 122 页。
② 王一亭与友人合组上海佛教居士林,以居士立场弘法护教,然此种居士佛教,又与传统的佛教居士有些不同。唐忠毛说:"近代的居士佛教在特定的历史时代背景下,逐渐建立了属于自己的独立的组织形式,它虽然也与僧人保持往来,但已经不依靠寺院、不受僧侣控制,也不以为寺院提供辅助性物质支持为己任。……作为居士主体的知识分子和工商业者,他们受近代民主、国家观念的影响,加上希望抵制外教入侵的民族主义意识和社会责任感,也产生了摆脱僧侣控制、建立新型居士佛教组织的要求。"参见唐忠毛:《作为民间慈善组织的近代居士佛教——以民国上海佛教居士林为例》,《上海师范大学学报(哲学社会科学版)》2008 年第 6 期,第 92 页。

至先烈陈英士先生，功德在民，沪上又为先烈光复之区，敝庵已辟精舍，供奉先烈神位，朝夕礼忏，以资冥福，聊伸崇德报功之忱。"①这几句话，虽一则论之以理，一则申之以情，但终究不能免除寿圣庵遭拆除改建的命运。要之，国民政府之所以授权湖社全权处理此事，实缘于陈英士在高层心中无以伦比的地位，故以区区一间精舍供奉先烈神位，岂能满足国府崇功报德之意呢？吾人从另一与寿圣庵事件性质相仿的大事，也可看出当局面对庙产问题时的处理心态，此即国民政府在首都东郊规划国民革命军阵亡将士公墓，而灵谷寺遂由地位崇高的宗教场所，摇身一变而为国家用途。1928 年 11 月，国民党中央执行委员会为纪念北伐期间捐躯将士，决定建筑阵亡将士公墓。次年 9 月，公墓筹建委员会第 5 次会议决定，将灵谷寺改建为阵亡将士公墓，原有佛像迁入龙神庙，大雄宝殿移建龙王堂后，无梁（一作"量"）殿改建阵亡将士祭堂，②迄1935 年 11 月全部完工。主体建筑沿着 1 公里长的中轴线次第展开，包括正门、牌坊、祭堂、第一公墓、纪念馆、纪念塔等，轴线两边对称分布着第二公墓、第三公墓。在整体建筑群顺势依山，层层递进，中轴与副轴，第一公墓与第二、第三公墓主次分明。整体公墓建筑由美国建筑师亨利·墨菲（Henry Murphy）和中国建筑师董

---

① 《陈英士先生纪念堂兴建案》，档号 001—014003—0004，第 0312—0313 面。
② 杨永泉、陈蕊心纂修：《灵谷寺志》，江苏古籍出版社 2001 年版，第 558 页；（民国）总理陵园管理委员会：《总理陵园管理委员会报告》，南京出版社 2008年版。

大酉共同设计。① 据张茜雯(Rebecca Nedostup)的研究,蒋中正曾向茂菲提议,此地要用来作为一座"中国的阿灵顿公墓"。墨菲欣赏此见,因明孝陵和其旁的中山陵,与灵谷寺形成对称格局;他并进一步强调,紫金山适合规划为南京东边的一个政治特区。这一将公墓区混合美学与实用的想法,对蒋及相关专责单位有重要影响。② 不过,作为园区的重要建筑基地,总理陵园管理委员会虽拥有超过 2053 亩灵谷寺森林、山地和稻田,但粗估至少 85% 为灵谷寺庙产。但管委会片面认为"此乃公产",尽管所有证据都指称该庙财产皆来自信徒的捐献,灵谷寺和尚只能被迫接受赔偿金,附带获得继续居住的权利。事实上,内政部也注意到征用灵谷寺庙地违背政府颁布的《监督寺庙条例》,但官方却认定:"由于这些是特殊状况,故我们可以忽视法令。"一项与中山陵有关的计划,其威信因素及政治重要性,允许政府逾越法律;不似许多南京居民的财产因新都计划被征用,灵谷寺的和尚毫无抵抗地接受了政府的安排。③ 对此一新的革命圣地来说,政府的最大用意,乃是以世俗的朝圣取代宗教的朝圣,并宣扬国民党中央的权威。时至今日,灵谷

---

① 李海霞、殷力欣:《中外二战纪念建筑初探》,《中国文化遗产》2015 年第 4 期,第 12—13 页。

② 非常感谢康豹教授热心告知张茜雯的著作,并惠予出借该书供笔者参考。文中相关论点,烦请参考 Rebecca Nedostup, *Superstitious Regimes: Religion and the Politics of Chinese Modernity* (Cambridge, Mass.: Harvard University Asia Center; Distributed by Harvard University Press, 2009), p. 168。

③ Rebecca Nedostup, *Superstitious Regimes: Religion and the Politics of Chinese Modernity*, pp. 166 - 167.

寺仍保留了部分的信仰和娱乐混合形态,此一形态无疑是往昔国民政府改造紫金山而成的。在一般的认知中,这完全是借国家宗教名义来纪念将士的遗迹。[①]

　　总之,寿圣庵事件涉及的面向是十分复杂的。从当时上海的状况来看,由于清末以来特殊的时空背景,使得外国人得以在租界内,施行一套不同于中国的制度。此一情况,随着政治局面的渐次稳定,南京国民政府始有余力积极交涉收回领事裁判权时,上海公共租界发生了寿圣庵事件,湖社与住持谛松为了道契的保管问题,先后在法院打了数年的官司。此一道契,之所以不同于一般内地流通的地契,是因为其所代表的,不仅仅是经外国驻华单位核备的法律意义而已,背后所象征的更是地价值增的潜力。[②] 故湖社与谛松对这张道契的争取,恐怕也有这层因素。至于原告、被告法庭上的对质、代表律师的参与辩护、法官的推敲和判决以及审判流程等,在在都可看出中国近现代化的缩影。所幸,此一庙产官司与外人无涉,故情况相对单纯许多。就国家法律面来看,国民政府虽矢志于司法中立,但因训政时期党国因素的主导,相关法令的制订难免不够周延,加上官方对既得利益者的保护,最终难以落实“法律之前,人人平等”的理想。不过,《临时约法》的平权主张,赋予民众保障私人财产的权利,故升斗小民包括僧道在内,也才能依据相关

---

① Rebecca Nedostup, *Superstitious Regimes: Religion and the Politics of Chinese Modernity*, p. 169,175.

② 缥缈:《“道契”贵比黄金》,《董事会 Directors & Boards》2007 年第 5 期,第102—103 页。

律法同地方势力、甚至同当道进行抗争,故寿圣庵事件无疑是那个特殊时代的产物。不过,我们也需留意,清末民初的佛教本身也有诸多问题,而僧人不事生产即能拥有大笔财富,在民智渐开的时代,特别容易遭人侧目。更何况,寺僧的腐化侈靡时有所闻,①这就更易招致有识者的批评,而促使官方介入整顿;至于地方势力,也可能以居士的身分,藉机争夺寺庙管理权。惟理想中的佛教居士,本以弘教护法为己任,在维护佛教整体发展的前提下,确保寺庙产业的完整,表面看来固是为佛教留下生机,但吊诡的是,这也可能导致僧人的加速腐化。是以,在庙产问题的处理上,基于各方的不同立场,因而也就存有不少辩证空间。对许多寿圣庵僧人来说,湖社最初以护法的角色驱逐谛松,他们是额手称庆的;但等到湖社意图就地改建社所和英士纪念堂时,僧人们唯恐祖业沦丧,从此流离失所,故群起与湖社对抗。由此可见,僧人们认定护法本不当干预寺庙运作,就算居士想积极整顿,也必须以僧众认可为前提,否则便不具备正当性。所以,自寿圣庵的立场看,湖社的作法几乎是假整顿之名、行改建之实,在谛明等僧人眼里,颇有一种所托非人的受骗感。从湖社角度来说,身为法律上唯一的管有人,对于内部问题丛生的寿圣庵,依法负起督导监督之责,自是责无旁贷的,但这只是为就地改建社所预为铺陈。当时,主其事者可能认为,只要延聘一信实可靠的僧人担任住持,他一定配合湖社的任何

---

① 当时,关于佛教内部弊端的报导不少,可参见陈金龙:《南京国民政府时期的政教关系——以佛教为中心的考察》,第33—35页。

决策,但湖社显然错判了情势。因为,利用寺庵现址改建社所的作法,不仅仅是将整顿与改建的问题混为一谈,更重要的是,这冲击了传统认知中僧人与居士的分际,难怪佛教界深不以为然。惟湖社对寿圣庵事件的处理,是由"处理寿圣庵委员会"专司其责的,其成员除了党国要员外,还包括了法律专家,若干成员甚至与陈英士家族有亲属关系,这就不难想象"处理寿圣庵委员会"的特定立场了。另从信仰层面来说,假若该委员会成员中有佛教居士,则寿圣庵是否就能免除改建的命运呢? 个人认为并不一定。例如,特聘委员谢泗亭就是一位居士,他在 1920 年前后,加入上海佛教居士林,后又与沈辉、王与楫、关䌹之等人,发起成立世界佛教居士林、佛教净业社。① 又以委员沈田莘为例,据说在抗战前,上海凡有义赈,几乎少不了他,其往往粉墨登场,义务演出。虽然他生性颇吝,但布施穷人却又不吝,见穷者每问其疾苦,大方施舍,一反其平素为人。② 1947 年 5 月上旬,湖州的地方报《湖报》中,出现了一则关于吴兴县佛教居士林设立的消息,据称此一团体抗战前即已组织,

---

① 高振农:《民国年间的上海佛教净业社》,《法音》1990 年第 5 期,第 30—34 页。在世界佛教居士林、净业社的研究方面,读者可直接参考收入康豹、高万桑主编的《改变中国宗教的五十年,1898—1948》(台北,"中央研究院"近代史研究所2015 年版)的江建明(J. Brooks Jessup)著《打造现代都市的佛教身分认同——以 1920 年代上海的世界佛教居士林为例》与杨凯里(Jan Kiely)著《在精英弟子与念佛大众之间——民国时期印光法师净土运动的社会紧张》二文,第 337—361 页、第 363—397 页。
② 沈田莘文笔、书法皆可观,尤爱票戏。相关介绍,请参见陈定山:《票怪沈田莘》,氏著:《春申旧闻》,台北,世界文物出版社 1967 年版,第 95—96 页。

现由沈田莘担任居士林副林长。① 这就曲折反映出,沈田莘在1920、30 年代可能已经信仰佛教。综合谢泗亭、沈田莘的背景,他们在寿圣庵事件中所持的立场,便颇值得讨论了。最后仍须一提王一亭,他在湖社声望隆重,发言也有影响力,但因为并非"处理寿圣庵委员会"的成员,故无法直接参与相关决策,这便致使湖社在处理寿圣庵问题时,手法过于粗糙以致争议频传。反之,若王一亭是此一委员会的当然成员的话,则湖社在这件事的处理上,或许就会有不同的结果吧!故就整个事件来看,王一亭只是被动地配合"处理寿圣庵委员会"的动向,甚至协助善后而已。但由此也可了解,在湖社的佛教居士间,对于寿圣庵的处置,看法其实未尽相同。

---

① 《居士林恢复筹备 推戴季陶等为名誉林长 修改林事并决定工作人事》,《湖报》1947 年 5 月 7 日,湖州市档案馆藏,第 3 版。必须一提的是,戴季陶当时虽已笃信佛教,但他并未参与寿圣庵事件。至于张静江,他原是一无神论者,因受印光大师感召,而皈依佛门,但这已是 1936 年的事了,同样也与寿圣庵事件无涉。关于印光大师与张静江的因缘,读者可直接参考前引杨凯里(Jan Kiely)的专文。

附　录

（一）湖社社基全案目录

关于行政部分之文件

织处理寿圣庵委员会由

8. 致寿圣庵僧谛松函为仍继续延雇为住持由

9. 致朱斯芾律师函为答复前询保管方法由

10. 呈上海特别市政府文为陈明寿圣庵设立原因及性质请免予登记由

11. 呈上海特别市政府文为补送证明文件由

12. 奉上海特别市政府批为据呈寿圣庵设立原因请免登记由

13. 登报紧要通告为接管寿圣庵并该庵住用之房屋基地单契由

14. 登报通告为呈奉上海特别市政府准将寿圣庵免予登记录批通告由

15. 寿圣庵僧众报告书为举发谛松不法请求撤换住持由

16. 呈上海特别市政府文为呈报撤退原住持谛松并录送管理寿圣庵规则请准备案由

17. 奉上海特别市政府批为据呈送管理寿圣庵规则请备案由

18. 呈江苏省政府文为沥陈寿圣庵设立原因并撤退原住持谛松请转令上海公共租界临时法院谕令出庵由

19. 奉江苏省政府批为据沥陈寿圣庵设立原因并撤退谛松请转令谕饬出庵由

20. 致公共租界工部局总董函为抄送管理寿圣庵规则并声明该庵性质及经过由

21. 通告为改雇谛明为寿圣庵住持由

22. 致谛松僧函为撤退住持令速出庵由

庵另行迁移由

40. 国民政府文官处来函为奉主席交下据呈筹建英士纪念堂并请拨款补助由

41. 江苏省政府委员会来函为转令严行拘捕谛松讯办由

42. 上海公共租界临时法院来函为已谕饬谛松出庵由

43. 呈上海特别市政府文为呈报谛松逃避请转令严缉讯办由

44. 致上海公共租界临时法院函为通知据报谛松业已潜逃由

45. 奉上海特别市政府为据呈请转令严缉谛松到案惩办由

46. 分呈江苏省政府、上海特别市政府文为变更公产作用请准备案由

47. 奉江苏省政府批为据呈变更公产作用由

48. 奉上海特别市政府批为据呈变更公产作用由

49. 致上海公共租界临时法院为请谕令寿圣庵住持谛明遵案迁移由

50. 分呈江苏省政府、上海特别市政府文为请转令、咨临时法院谕饬寿圣庵僧即日迁移由

51. 奉江苏省政府批为据呈请转令谕饬寿圣庵即日迁移由

52. 呈国民政府文为请分令转饬法院谕令寿圣庵僧即日迁移由

53. 国民政府文官处来函为奉主席交下据呈请分令转饬法院谕令寿圣庵僧即日迁移由

54. 国民政府文官处公函为准行政院函知已分令转饬法院谕令寿圣庵僧即日迁移由

55. 奉上海特别市政府训令为催令建筑英士纪念堂由

6. 湖社辩诉状

7. 谛明显进等请确认所有权诉状

8. 湖社辩诉状

9. 江苏高等法院第二分院判决书

10. 江苏上海特区地方法院判决书

关于清理部分之文件

1. 致徐永祚会计师函为委托清理寿圣庵账款由

2. 徐永祚会计师来函为接受委托由

3. 登报通告为通告各债权依限登记由

4. 徐永祚会计师清理账目报告

5. 徐永祚会计师来函为与各债权人磋商减折办法由

6. 致徐永祚会计师函为送交寿圣庵欠付账项现银请分别转付清讫由

7. 登报通告为通告嗣后寿圣庵对外欠款概与湖社无涉由①

(二) 处理寿圣庵各项账目

一付磁痰盂二对、茶壶一把　洋拾贰元

一付痰盂二十只　洋拾元另捌角肆分

一付长盘二只　洋贰元

一付大铜壶二把　洋肆元壹角

一付书画架　洋柒拾元

---

① 参见《湖社社基全案》,第1—6页。

一付锑号码牌　洋拾元另陆角贰分

一付台球具全副　洋拾壹元七角伍分

共付洋陆百参拾壹元捌角壹分（以上钮总干事经手）

两共付洋壹千陆百捌拾参元玖角参分

处理寿圣庵第一项清理店账　（徐永祚会计师清理代偿逐年结欠货账
各户）

一付许瑞丰泰　洋肆拾贰元陆角肆分参厘

一付升顺　洋壹千贰百捌拾伍元捌角壹分柒厘

一付隆兴　洋贰百捌拾柒元玖角捌分

一付万升　洋柒百捌拾陆元柒角捌分陆厘

一付敦大成　洋玖百柒拾伍元伍角玖分

一付林祥和　洋参百拾壹元参角捌分贰厘

一付瑞丰懋　洋壹千伍百另玖元壹角壹分伍厘

共洋伍千壹百玖拾玖元参角壹分参厘

一付徐会计师清理公费　洋贰百元

一付又召集债权人会议公费　洋壹百元

一付代登广告费　洋柒拾元另柒角陆分

一付结束后登广告费　洋伍拾参元捌角陆分

共洋肆百念肆元陆角贰分

两共付洋伍千陆百念参元玖角参分

处理寿圣庵第二项迁移后工伙食房租贴费等

一付迁移及遣散工役伙食等（十九年五、六月）　洋壹千贰百

另贰元

一付派驻寿圣庵管理员卢蔼霆君酬金（十八年二月）　洋壹百
伍拾元

一付卢蔼霆、姚仲清、张耕生遣散费　洋壹百伍拾元

一付武定路房租十九年四月分十天　洋肆拾捌元

一付又五、六、七、八月，每一月一百肆拾肆元　洋伍百柒拾
陆元

一付又第一个月小租　洋壹百肆拾肆元

一付又贴空租，因订期一年，半途退租　洋壹百肆拾肆元

一付又看门扫弄等费　洋拾陆元

一付巡捕捐　洋参拾捌元肆角

一付贴费，自十九年八月至廿一年一月十五日，共十七个半
月，每月壹百六十元　洋贰千捌百元

一付未迁时雇用巡捕二人　洋玖拾贰元

一付拆屋搬场临时雇用巡捕　洋柒拾肆元

一付租用保管箱　洋拾陆元

一付功德林餐费　洋捌元壹角柒分

一付华安餐费　洋参拾捌元

共付洋伍千肆佰玖拾陆元伍角柒分

处理寿圣庵第三项律师费等

一付王焕功律师二次　洋参百元

一付何世枚律师　洋肆百元

一付姚肇第律师（移助社所捐款）　洋壹百元

一付交际费一　洋壹千参百参拾元

一付交际费二　洋壹百肆拾参元捌角参分

一付为道契事二次登报费　洋壹百另壹元肆角捌分

一付影印各要件照片　洋念伍元玖角陆分

一付判决书送达费三次　洋捌元肆角

一付致江苏省政府电报费　洋拾玖元贰角伍分

共付洋贰千肆百念捌元玖角贰分

逐年工部局地捐通和挂号费等

一付还杨奎侯道契转移义商过户费　元参百陆拾两另一钱四分

计洋伍百元另另玖角

一付十七、十八两年挂号费年租　元肆拾伍两肆钱贰分①

（三）各项总清

收支

七月一日 收 沈敏德号 洋拾元	付 车资、客请、香工 洋壹百卅式元三角一分
二日 收 洋拾式元	付 辛资 洋六拾五元四角
四日 收 洋壹百〇八元	付 笔墨 洋五元四角八分

---

① 参见《建筑湖社社所暨英士纪念堂报告书》，第55—58页。

七日 收 洋柒拾元	付 川资 洋壹百拾四元
十二日 收捌拾元	付 什用 洋六拾参元五角七
廿三日 收 洋壹百念元	付 衬上点心、捐助车力洋九拾元〇四角式分
廿八日 收 洋九拾元	付 车力 洋拾四元式角
收 张宅捐 洋参拾七元	付 福食 洋式百拾三元七角三分
收 朱宅捐 洋参拾六元	付 搬场汽车车力 洋式百拾元
收 徐宅捐 洋八元七角	付 福食 洋壹百六拾元
收 王宅捐 洋五元九角	付 贴巡捕饭 洋六元
廿九 收 潘宅捐 洋五元	付 辛工 洋八拾六元
收 敏德号 洋壹百元	
卅一 收 施宅捐 洋念八元□□七分	
收 洋式百拾元 七月	
收 洋壹百念元	
收 洋四拾六元	
收 洋八拾六元	
七月份查存拾壹元四角七分 入六月份项下	

收 查存 六月二日 洋拾乙元四角七	付 福食 洋乙百拾四元七角三分
收 沈宅捐洋 々 洋拾五元五角	付 川资 洋拾式元
收 杨宅捐洋 六月八日 洋卅式元	付 客请 洋七元六角

收 甘宅捐洋 々洋拾乙元乙角	付 衬上点心、车力香烟 　　洋卅七元三角七
收 吴宅捐洋 々洋七元七角	付 杂用 洋四拾九元〇分
收 金宅捐洋 々洋四元八角	付 谛明支助 洋五元三角
收 敏德号 六月十三 洋一百元	付 邮票 洋式元
收 々 十八 洋五拾元七分□	付 □泉、车力□ 洋壹元〇分□
收付两比查存洋参元五角三分	

收 沈敏德号 洋壹百四拾四元	六月卅 付 　　寿圣庵武定路 400 号房金洋乙百四拾 　　四元
收 々洋卅八元四角	付 々交季巡捕捐 洋卅八元四角
六月份收洋四百拾四元九角七	六月份共付洋四百拾乙元四角〇分
查存大洋参元五角三分 入七月份开支项下	

单资请客

付 灵一师 洋八元九角四分	付 月江师 洋五元六角
付 明远师 洋式元三角六分	付 印月师 洋五元一角六分
付 莲舟师 洋七元四角二分	付 朗然师 洋五元一角六分
付 异凡师 洋六元	付 谛云师 洋五元〇四分
付 海容师 洋六元三角八分	付 宏光师 洋五元〇五分
付 脱凡师 洋五元五角	付 法乘师 洋四元一角八分
付 源清师 洋六元〇式分	付 木源师 洋式元式角
付 瀍法师 洋五元七角	付 机悟师 洋式元一角一分

付 胜铭师 洋五元七角	付 客请 洋念三元式角
卅 付 香工 洋念元〇六角	
七月份共付洋乙百卅式元三角二分	
	八月十五 付 杨宅客请 洋参元六角
	付 客请 洋四元
八月份共付洋柒元六角	

辛金

卅 付 谛明师 洋念元	十 付 会馆工人短工 洋四元
卅 付 显进师 洋拾元	十九 付 看门 洋壹元
卅 付 闵剑记 洋参拾元	付 巡捕 洋四角
五月份共付洋陆拾五元四角正	
□月卅 付 谛明 洋五拾元	付 巡捕例工 洋参拾六元
共付洋壹百五拾乙元四角	

笔墨印花簿子

五月一日 付 簿子笔墨 　　洋壹元五角六分	廿日 付 清册 洋乙元三角
付 印花 洋五角式分	付 刻图记 洋乙元
付 墨砚 洋四角	付 纸 洋参角
付 々 洋四角	
五月份共付洋五元四角八分	

川资

付 黄杏生 洋六元	付 陈灵泰 洋六元
付 王林凌 洋六元	付 张裕源 洋六元
付 荣芝松 洋六元	付 张小虎子 洋六元
付 初宏恩 洋六元	付 王金富 洋六元
付 殷长龙 洋六元	付 吴锦怀 洋六元
付 谢文卿 洋六元	付 倪阿新 洋六元
付 王小宝 洋六元	付 胡裕龙 洋六元
付 颜阿四 洋六元	付 胡四隆 洋六元
付 吴开武 洋六元	付 胡国安 洋六元
付 胡耀准 洋六元	付 厨房 洋六元
五月份共付川资即劝散费洋壹百念元正 除六元	
	六月十三 付 关阿应 洋六元
	十五 付 张锡生 洋六元
六月份共付洋拾式元正	

福食

五月七日 付 晚膳搬场 　　洋六元三角一分	十一 付 福食 洋五拾八元式角三
付 汤 洋乙元四角四分	廿 付 福食 洋五拾八元
付 小账 洋二角	廿八 付 福食 洋五拾八元
八日 付 晚饭 洋参元一角三分	卅一 付 准端节廿七人 洋念七元
十 付 点心 洋式角	四月廿四至五月四日 付福食 　　洋乙百念元

付 供菜佛诞 洋乙元	付 贴巡捕七天 洋六元
付 中饭 洋式角式分	付 福食 洋四拾元
五月份共付洋参百卅九元七角三分 四月廿四日起至六月五日止	
共付洋参百七拾九元七角三分	

	六月三日 付福 洋念六元五角三分
	八日 付福食 洋参拾元
	付 送饭端节 洋乙元
	十三 付福食 洋五拾六元
	十八 付中饭是日纯断添饭 洋乙元
	付 猫食 洋式角
六月份付洋壹百拾四元七角三分	

杂用

七月一日 付 洋烛、水筹、草纸 洋壹元	六日 付 水筹 洋五角
付 面盆手巾 洋八角五分	十 另用 洋拾元
付 白布 洋乙角二分	付 另用补前十天 洋拾元
付 锡箔香烛本庵焰口 洋四元四角	付 烟 洋八角
付 长锭 洋式角	十一日 付 修锤 洋乙元
二 付 铜扣 洋七分	付 筷 洋式角八分
付 水筹 洋五角	付 灯油 洋乙元

四日 付 还另用 洋六元八角	付 洋油、水筹、洋烛 洋五元八角三分
付 草纸肥皂 洋四角	廿二日 付水筹 洋乙元
付 洋油 洋乙角二分	廿八 付水筹 洋乙元
付 芦帘 洋六元	付 另用洋烛 洋乙元八角
廿二 付 往杨府拌礼香工添饭 洋八角	卅 付 洋铁牌子 洋参元五角
付 送箔杨施二宅 洋参元	卅一 付 洗衣洋油 洋乙元
付 巡捕节包 洋乙元	付 送饭 洋六角
七月份共付洋陆拾参元五角七分	

六月八月 付 水筹十天 洋二元式角	六月八日 付 灯油 洋壹元
付 洋烛 洋参角	付 草纸 洋壹元
付 倒垃圾 洋四角	付 另用 洋四角〇分
付 送信 洋式角	六月十八 付 送杨宅香烛 洋乙元参角
六月十五 付 车力 洋式元	付 水筹八天 洋式元
十八 学校茶房 洋拾乙元	付 登根费 洋拾九元
付 折灯 洋七元式角	付 扫街 洋乙元
六月份共付洋四拾九元〇分	
	六月廿 付 谛明支助 洋五元三角

衬钱点心车力香烛

七月十九 付 衬上点心、客请车力 洋拾六元七角八分	廿五 付 香烛 洋乙元四角
付 香烛程宅 洋五元	付 车力捐事 洋八元
□□ 付 香烛送谛明□ 洋五元四角	付 衬上点心程宅捐 洋四元五角
廿二 付 车力、衬上点心 洋拾四元七角五分	廿九 付 香烛 洋乙元
付 车力捐事 洋拾七元	付 衬上、车力 洋式元五角
付 衬上点心 洋参元六角	卅 付 五供养 洋乙角
付 香烛 洋乙元四角	卅一 香烛、点心、茶盆 洋二元
付 徐宅车力 洋式元四角	付 车力、低□ 洋四元六角
七月份共付洋九拾元〇四角三分	

六月八日 付 吴宅忏事香烛 洋九角二分	付 李宅加远 洋乙元七角
付 糕果点心 洋乙元	付 费宅加远 洋参元式角
付 金宅加远 洋乙元二角	付 朱宅加远 洋八角
付 徐宅加远 洋四角	付 杨宅加远□十人 洋五元四角
付 程宅加远 洋八角	付 々焰口加远十人 洋式元
付 谭宅加远 洋四元四角	十六日 付 费宅加远 洋式元
付 々袈裟 洋式元	付 皇捐衬上 洋五角五分
十五 付 费宅加远 洋式元	付 渡桥费 洋五角
付 々焰口々 洋式元	十七 付 破血湖池 洋乙元四角

付 捐衬 洋五角五分	十八 付 费宅加远 洋式元
付 焰口加远 洋式元	付 捐衬 洋五角五分
六月份共付洋卅七元三角七分	

车力

一日 付 车力、僧□ 洋乙元	八日 剑记车力 洋式元四角
付 々 洋五角	付 々 搬场四天 洋四元
二日 付剑记车力 洋八角	十五 付 々 洋式元
五日 付 々 洋五角	卅 付 剑记车力半月 洋参元
七月份共付洋拾四元式角	
七月卅 付汽车搬场 洋参拾元	七月十五 付 汽车搬场 洋壹百八拾元
共付洋式百念四元式角	

房金

收 沈敏德号 洋壹百四拾四元	付 武定路四百号寿圣庵房金 洋乙百四拾四元
收 々 洋参拾八元四角	付 々 夏季巡捕捐 洋参拾八元四角

①

备注：

（1）本表为寿圣庵日常收支纪录，制作年代应在改组为精舍初期，起迄时间在五到八月之间。全表共分收支、单资请客、辛金、

① 《各项总清》，上海档案馆藏，档案号：Q165—5—99。

笔墨印花簿子、川资、福食、杂用、衬钱点心车力香烛、车力、房金等项目。

（2）每个项目表中，载明发生日期、收支理由、金额，表末小结收付总金额。日期采取农历纪年法，这是因为记账者在数字十之前（包括十在内），习惯冠上日字作为缀词（例如：九日、十日），而十以后则不冠日字（例如：十一、廿二）。在金额方面，记账者都以洋元计算，计数单位为元、角、分。

（3）此一原稿呈现了独特的记账方式，例如在月份方面，记账者不直书〇月份，而在数字之后加上类似英文 J 的字形，如六月份的写法，即写为近似"亇份"的字眼。如金额记载涉及分时，则将分写为"卜"，如一分即写"下"，这可能借用了对中草药方的记载方法。本处为便读者识读起见，已全部改为平述。

（4）此外，账簿中还有若干异体字，尤其捐、助二字，其写法皆非一般使用习惯，此处也一并改正。

（5）其余无法辨识的字眼，即统一以□概括。

（四）寿圣精舍董事会简章

第一条　湖社社所落成，因纪念乡先辈遗迹起见，指定社址北部楼屋五间，为寿圣精舍设龛供奉。

第二条　寿圣精舍设董事十一人，组织寿圣精舍董事会管理之。

第三条　寿圣精舍董事由湖社执行委员推选旅沪同乡担任

之,并呈报官厅备案。

第四条　董事任期两年,联推得联任。

第五条　董事会延雇僧徒看管门户,供祀香花,并提请湖社执行委员会,议给食用以资生活。

第六条　寿圣精舍管理规则由董事会拟订,提请湖社执行委员会议决施行。

第七条　本简章如有未尽事宜,得由湖社执行委员会随时修正之。

第八条　本简章经湖社执行委员会议决后施行。[①]

(五) 陈公英士纪念堂董事会组织章程

第一条　本会为湖社呈准　国民政府于上海湖社社所内建立先烈陈公英士纪念堂保管人。

第二条　本会设董事十五人,除当然董事外,由湖社执行委员会会议推举之。

第三条　本会当然董事如左:

国民政府代表一人

江苏省政府代表一人

浙江省政府代表一人

上海市政府代表一人

陈公家属代表一人

---

① 《寿圣精舍董事会简章》,上海档案馆藏,档号 Q165—2—46。

湖社执行委员会主任委员

第四条　本会以当然委员中之湖社执行委员会主任委员为主席董事。

第五条　本会推举之董事任期三年,期满改推,连推得连任。

第六条　本会之职务如左:

一、英士纪念堂之保管事项

二、英士纪念堂之改进事项

三、英士先生之纪念事项

第七条　本会于每年五月间开常会一次,日期由主席董事临时择定召集之,但遇必要时,得由主席董事召集临时会。

第八条　本会议案以全体二分一以上之出席,及出席人数二分一以上决定之。

第九条　本会议决案之执行,纯关于纪念堂之事,由主席董事名义行之,其与湖社有关联之事务,由本会咨湖社委员会执行之。

第十条　本章程自呈准备案日执行。①

(六)《摘录筹建社所重要议案》节录——民国二十一年一月至二十二年四月(编按:即1932年1月到1933年4月)

二十一年一月十三日,第八届第二次常务委员会

报告　本社呈社会局,以社所北部五楼五底房屋为寿圣精舍,

---

① 《陈英士先生纪念堂兴建案》,台北"国史馆"藏,档号001—014003—0004,第0368—0370面。

供祀乡先,奉批已准备案,划分契据一节,前经呈准有案,岂容分割,应毋庸议云。

王一亭先生等来函,报告另组寿圣精舍董事会,应如何答复案。

议决　寿圣精舍董事会业由本社执行委员会第四次常会议决章程,推员组织并呈报官厅奉准在案,应即抄录原案文件,分别函复。

二十一年二月十三日,第八届第三次常务委员会

沪战发生,湖州同乡之被难者,如何设法收容,以免流离?

议决　(一)先将靠北京路新建房屋预备出租部分,收容被难同乡,如或不敷居住,再将下层大厅酌量移用。

(二)办事员暂由湖州会馆职员担任。

(三)给养由上海战区难民临时救济会担任,同乡中如有捐款,亦可汇送救济会核收。

二十一年三月五日,第八届第五次常会

报告　本社让路地价,业由通和洋行交到。

二十一年四月二日,第八届第五次常会

新社所验收后,对于内部组织及支配各事务案

议决　(一)先函收容所,在两星期内迁让。

(二)限于纪念期前,急极筹备各项事宜,以便举行纪念典礼。

(三)筹备典礼事务,请张委员廷灏、赵委员赐琛,会同

沈委员田莘办理。

二十一年四月十六日，第八届第四次常务委员会

本社社所房屋支配办法案

议决　照陈委员果夫、沈委员田莘所定计划，暂行试用。

各种家具估价单请核定案

议决　依本社经济状况择要置备。

二十一年五月七日，第八届第六次常会

报告　本社请求缴季捐，业准市政府暨纳税华人会先后抄译工部局来函谓，与社团性质相埒，均须缴纳全税。

泰利洋行函送大理石工程增减一览表合同，请审查并找款项案

议决　公推沈委员田莘与泰利洋行接洽，酌量办理。

电灯器具审查来账包订装置案

议决　交筹备委员会，酌议办理。

朱森记营造厂额外工程款项请拨付案

议决　照泰利洋行估计银数，商酌减让，再行拨付。

规定本社市房租价案

议决　市房四间，规定以银二百六十两，为最低价格。

二十一年六月念五日，第八届临时会补开第七次常会

报告　本社沿北京路店房四间，业由太平汽车公司承租，计每月租银二百五十两，已双方订立租据合同。

本社电灯由华丽美术公司承装，业已动工。

张委员廷灏临时提议,组织英士纪念堂董事会案

议决　通过,姚委员印佛起草。

二十一年七月十三日,第八届委员临时会

本社奉准在社所内建立陈公英士纪念堂落成典礼,应否与年会同日举行,请付讨论案

议决　决定十九日上午九时举行,即分函电敦请党、政、军、商、学各机关,参与隆典而彰崇报,并公推赵委员赐琛为临时事务主任,汤委员充士为临时文书主任。

二十一年八月六日,第九届第二次常会

报告　陈总干事将合兴记水木作,承揽纪念堂用椅五十只、本社用椅五百只,契据一纸,送社存卷备查。

二十一年八月二十日,第九届第一次临时会

报告　陈公英士纪念堂董事会组织章程,已分呈国民政府、江苏浙江两省政府及上海市政府备案。

二十一年九月十七日,第九届第五次常会

社所基地全案赶速印行案

议决　稿存邱委员培豪处,由总干事向取,即日付印。

二十一年九月二十七日,第九届第二次临时会

本社设计应否延聘专家请核议案

议决　照前次家具公司等所送图案,择其需要而价较廉者,酌量办理。

二十一年十月八日,第九届第四次委员会

陈主任委员蔼士等函报,建筑经费不敷,拟定筹抵方法三项,是否有当请公决案

议决 （一）目前最低限度所需要之款项五千元,由陈委员蔼士、王委员一亭、朱委员子谦、钱委员新之、潘委员公展,分五股先行垫付。

（二）以现存公债,除还清杭沪中交两行,借款之余额两万七千四百元债券基金,制发湖社债券,票面总额一万五千元,分为三百张,每张五十元。

（三）设立债券委员会,推王委员一亭、陈委员蔼士、钱委员新之、沈委员田莘、潘委员公展,为债券委员会委员,推凌委员颂如为债券委员会秘书,由秘书召集第一次会议。

朱森记营造厂函请拨付末期造价请公决案

议决 候垫付款项收齐,尽先拨付。

二十一年十一月五日,第九届第五次委员会

报告 本社呈送纪念堂董事会组织章程请赐备案,已奉国民政府暨江浙各省市政府批准备案。

本社债券委员会第一次会议通过之发行债券原委及条例请追认案

议决 照办。

二十一年十二月十七日,第九届第六次常会

公债进行办法请公决施行案

议决　请债券委员会分头劝募。

第八届社员大会议决,本社元旦举行落成典礼暨向例元旦叙餐团拜,如何筹备请讨论案

议决　落成典礼展缓,至下届年会同日举行,元旦叙餐团拜援案办理。

先烈纪念品物品陈列图书室之设备赶速成立,社所内部之布置及纪念堂之壁画立即实行。

议决　赶办。

二十二年三月四日,第九届第九次常会

债券问题如何进行案

议决　由募券委员五人,每人先各认定一千元,其余一万元,请各执监委员暨候补执监委员分别摊认。

二十二年一月一日,第九届第十五次常务委员会

沈委员田莘送到募建社所收支报告一件、社所捐款报告一件及重要契件,请付讨论案

议决　公推姚委员印佛、潘委员公展、赵委员赐琛,审查社所捐款报告,请陆象霆、吴蔚如两先生查阅。

二十二年一月七日,第九届第七次委员会

常务委员合提请核议,姚委员印佛、潘委员公展、赵委员赐琛议覆审查募建社所收支报告修正意见案

议决　所有账据等件,准候聘请会计师后交付审查;未缴捐册登报,请经募人于两星期内缴还,以资结束。倘届期仍不缴到者,

另编号次,登报声明作废。契件账据保管箱存社,锁匙交赵委员赐琛保管。

二十二年四月一日,第九届第九次委员会

立信事务所潘序伦会计师函送本社募建社所及纪念堂收支账目认为准确,到社请察核公布案

议决　交沈委员田莘编印报告。

凌委员颂如提议,规定永久保管社基道契权柄单办法

议决　推钱委员新之、沈委员田莘、陈委员蔼士会同保管。①

(七)捐助经募名册

捐款人

朱学毅/纯(按即朱学纯)

以上一户捐洋壹万元,应照募捐简则第八、第九条

刘思礼堂

以上一户捐洋六千元,应照募捐简则第八条

张石铭　南浔公会　吴兴县商会　各捐洋参千元

杨谢毓英　沈联芳　以上各捐洋贰千五百元

朱子谦　温选臣　陈云轩　赵节芗　沈田莘　吴登瀛　庞莱臣　沈惺叔

吴达诠　吴兴电灯公司　钱新之　李伯勤　以上各捐洋壹

---

① 《摘录筹建社所重要议案》,《建筑湖社社所暨英士纪念堂报告书》,第96—101页。

千元

以上十七户,应照募捐简则第七条

周湘舲　丁少兰　钱纶青　锺铸铣　邢穗轩　成裕堂　陈果夫　以上各捐洋五百元

浙湖绸业公所　邱莘农　章仲和　沈锦相　陆树基　以上各捐洋参百元

沈朗轩　潘祥生　章伯初　缪哲先　遂安庐　沈寿　袁崧藩　李叔美　各捐洋贰百元

王子菘　捐洋壹百拾元

李恢伯　唐伯耆　邢颂声　任镕生　邢聚之　金承德堂　吴芸台　孙耕余堂　张赐彩堂　杨谱笙　陆象霆　四行准备库　范中庸堂　沈琴斋　李廉波

毕寅伯　张步青　吴履卿　来　记　陈姚文英　潘公展　唐冠玉　张哲民

汪尚德堂　潘天锡堂　俞竹贤　沈志毅　杨成一　刘梯青　王一亭

绸业乐善堂　汤济沧　沈朗生　闲闲居　姚肇第　邵仲弢　王梓濂　潘廉深　各捐洋壹百元

以上五十九户,应照募捐简则第六条

经募人

王一亭　陈果夫

以上二人,应照募捐简则第十条甲项

陈蔼士

以上一人，应照募捐简则第十条乙项

沈田莘　沈谱琴　陈勤生　杨谢毓英　张旭人　李彦士　冯
祖兰

以上七人，应照募捐简则第十条丙项

周湘舲　陆象霆　刘铭嘉　朱榜生　丁少兰　章伯初

以上六人，应照募捐简则第十条丁项

徐可均　俞寰澄　张君谋　吴蔚如　钱棣春　姚印佛　凌莹
如　叶身康

钱伯英　陆思安　孙容江　张步青　钮师愈　沈子敬　范平
甫　朱寿宝

钮熊钦　袁崧藩　沈莲如　潘庠升　陶少江　沈锦柏　汪恂
如　郁颖芙

沈琴斋　施薰亭　姚湛如　沈松山　沈阶升　杨成一

以上三十人，应照募捐简则第十条戊项①

———————

① 参见《建筑湖社社所暨英士纪念堂报告书》，第103—105页。

参考资料

(一) 档案

《民国十八年华人民事工字第六五四号案》(编按：1929 年)，上海档案馆藏，档案号：Q165—1—85。

《各项总清》，上海档案馆藏，档案号：Q165—5—99

《委员会与处理寿圣庵委员会联席会议》，上海档案馆藏，档案号：Q165—1—14。

《陈英士先生纪念堂兴建案》，台北"国史馆"藏，档案号：001—014003—0004。

《第五届第六次委员会、处理寿圣庵委员会联席会议》，上海档案馆藏，档案号：Q165—1—14。

《第六届执监委员会、处理寿圣庵委员会联席会议记录》，上海档案馆藏，档案号：Q165—1—14。

《湖社处理寿圣庵委员会办事规则》，上海档案馆藏，档案号：Q165—2—46。

《寿圣庵住持规则》，上海档案馆藏，档案号：Q165—2—46。

《寿圣精舍董事会简章》，上海档案馆藏，档案号：Q165—2—46。

(二) 地图、方志、专门志

张伟等编：《老上海地图》，上海画报出版社 2001 年版。

吴馨等修、姚文枏等纂：《上海县续志》，台北成文出版社 1970 年版。

嵇发根主编：《湖州市志 1991—2005》，方志出版社 2012 年版。

史梅定主编：《上海租界志》，上海社会科学院出版社 2001 年版。

周明伟、唐振常主编：《上海外事志》，上海社会科学院出版社 1999 年版。

陈文达主编：《上海房地产志》，上海社会科学院出版社1999年版。

滕一龙主编：《上海审判志》，上海社会科学院出社2003年版。

杨永泉、陈蕊心纂修：《灵谷寺志》，江苏古籍出版社2001年版。

（三）史料

中国人民政治协商会议浙江省湖州市委员会文史资料委员会编：《湖州文史》
第14辑，内参1996年版。

中国人民政治协商会议上海市委员会文史资料委员会编：《上海文史资料选
辑》第64辑，上海人民出版社1990年版。

上海圣约翰大学校史编辑委员会组编，徐以骅主编：《上海圣约翰大学1879—
1952》，上海人民出版社2009年版。

（民国）总理陵园管理委员会：《总理陵园管理委员会报告》，南京出版社2008
年版。

黄夏年主编：《民国佛教期刊文献集成》，全国图书馆文献缩微复制中心2006
年版。

湖社：《湖社社基全案》，上海图书馆藏，湖社1931年版。

湖社：《建筑湖社社所暨英士纪念堂报告书》，上海图书馆藏，湖社1933年版。
瞿海源辑：《"中华民国"有关宗教法令及法律草案汇编》，《民族学研究所资
料汇编》第2期，1990年3月。

（四）报刊

《申报》

《江苏省政府公报》

《河北民政汇刊》

《湖州月刊》

《湖报》

（五）论著

王中秀编：《王一亭年谱长编》，上海书画出版社2010年版。

王立民、练育强编：《上海租界法制研究》，法律出版社2011年版。

沈文泉：《海上奇人王一亭》，中国社会科学出版社2011年版。

巫仁恕、康豹、林美莉编：《从城市看中国的现代性》，台北"中央研究院"近代
史研究所2010年版。

李学功、徐育雄编:《辛亥风云　民国岁月——湖州与近代中国》,中国社会科学出版社 2011 年版。

林富士编:《中国史新论——宗教史分册》,台北"中央研究院"、联经出版公司 2010 年版。

陶水木:《浙江商帮与上海经济近代化 1840—1936》,中国社会科学出版社 2009 年版。

柳立言:《宋代的宗教、身分与司法》,中华书局 2012 年版。

马长林:《上海的租界》,天津教育出版社 2009 年版。

孙慧敏:《制度移植——民初上海的中国律师(1912—1937)》,台北"中央研究院"近代史研究所 2012 年版。

陈金龙:《南京国民政府时期的政教关系——以佛教为中心的考察》,中国社会科学出版社 2011 年版。

陈定山:《春申旧闻》,台北世界文物出版社 1967 年版。

陈定山:《春申旧闻续集》,台北世界文物出版社 1971 年版。

陈存仁:《银元时代生活史》,广西师范大学出版社 2007 年版。

陈祖恩、李华兴:《白龙山人——王一亭传》,上海辞书出版社,2007 年版。

康豹、高万桑编:《改变中国宗教的五十年》,台北"中央研究院"2015 年版。

湖州市陈英士研究会编:《陈英士研究文集——纪念辛亥革命九十周年》,内参 2001 年版。

刘明波主编:《从苕溪到黄浦江——话说湖州上海两地之缘》,经济日报出版社 2007 年版。

蔡育天:《上海道契——一八四七——一九一一》,上海古籍出版社 1997 年版。

Kathryn Bernhardt and Philip C. C. Huang, eds., *Civil Law in Qing and Republican China*, Stanford: Stanford University Press, 1994.

Rebecca Nedostup, *Superstitious Regimes: Religion and the Politics of Chinese Modernity*, Cambridge, Mass.: Harvard University Asia Center, 2009.

(六) 论文

姚远:《上海公共租界特区法院研究》,博士学位论文,华东政法大学,2010 年。

方福祥:《在沪湖州商帮的新旧同乡团体及其比较》,《档案与史学》2002 年第 5 期。

李在全:《从党权政治角度看孙中山晚年的司法思想与实践》,《近代史研究》

2012 年第 1 期。

李俊:《论晚清"司法独立"原则的引进》,《福建论坛(人文社会科学版)》2008
年第 8 期。

李海霞、殷力欣:《中外二战纪念建筑初探》,《中国文化遗产》2015 年第 4 期。

邱志红:《民国时期北京律师群体探析》,《北京社会科学》2008 年第 4 期。

柳立言:《色戒——宋僧与奸罪》,《法制史研究》第 12 期,2007 年 12 月。

柳立言:《红尘浪里难修行——宋僧犯罪原因出探》,《"中央研究院"历史语言
研究所集刊》第 79 本第 4 分,2008 年 12 月。

段艳:《晚清自铸银元说》,《商业文化》2018 年第 28 期。

段艳:《清末银元单位问题的争论》,《北方论丛》2019 年第 1 期。

高振农:《民国年间的上海佛教净业社》,《法音》1990 年第 5 期。

唐忠毛:《作为民间慈善组织的近代居士佛教——以民国上海佛教居士林为
例》,《上海师范大学学报(哲学社会科学版)》2008 年第 6 期。

陆仰渊:《银元在民国时期的流通》,《民国春秋》1995 年第 3 期。

单侠:《略论晚清佛教式微诸因》,《五台山研究》2011 年第 1 期。

张宁:《墨西哥银元在中国的流通》,《中国钱币》2003 年第 4 期。

张珉:《试论清末与民国时期的司法独立》,《安徽大学学报(哲学社会科学
版)》第 28 卷第 3 期,2004 年 5 月。

许效正:《试论〈临时约法〉对庙产问题的影响》,《贵州文史丛刊》2010 年第
1 期。

陈同:《民国时期对外籍律师的限制——以上海为例》,《史林》2007 年第 4 期。

陈金龙:《民国〈寺庙管理条例〉的颁布与废止》,《法音》2008 年第 4 期。

陈金龙:《从庙产管理看南京国民政府时期的政教关系——以 1927—1937 年
为中心的考察》,《华南师范大学学报(社会科学版)》2006 年第 5 期。

郭春涛:《我国律师及律师业发展调研报告》,《中国司法》2007 年第 7 期。

郭华清:《南京国民政府的宗教管理政策论析》,《广州大学学报(社会科学
版)》2007 年第 2 期。

孙慧敏:《清末中国对律师制度的认识与引介》,《"中央研究院"近代史研究所
集刊》第 52 期,2006 年 6 月。

邹晓升:《银元主币流通与上海洋厘行市的更替》,《历史月刊》2006 年第 8 期。

刘扬:《试析辛亥革命以来国家对庙产问题的政策——以奉天省为例》,《社会
科学战线》2012 年第 5 期。

缥缈:《"道契"贵比黄金》,《董事会 Directors & Boards》2007 年第 5 期。

后　记

　　2011 至 2013 年间，笔者担任康豹、高万桑两位教授主持的"1898—1948：改变了中国宗教的 50 年"主题计划博士后研究助理，当时该计划之下有三个分项，分别是："上海的宗教出版"（吴亚魁负责）、"温州的庙产兴学"（祁刚负责）、"湖州菁英的宗教生活"（笔者负责）。而在结题过程中，我发现湖社与寿圣庵的大量资料，故最后没有探讨湖州菁英的宗教生活，而是优先聚焦了寿圣庵事件，于是撰成《近代湖社与寺院的互动：以上海寿圣庵事件为中心》一文，此文所依据的研究资料，主要有以下 6 类：

　　（一）《湖社社基全案》　上海图书馆藏，湖社于 1931 年刊行，完整收录了与寿圣庵事件有关的书信、通告、公函、诉状。这是本文最重要的研究材料，能帮助我们了解寿圣庵事件的发展脉络，从中更可清楚认知官方对此事的态度。

　　（二）《建筑湖社社所暨英士纪念堂报告书》　上海图书馆藏，湖社于 1933 年发行。本书乃是各次会议记录的重点节录，我们从里头不仅可了解湖社的组织运作,更能与《湖社社基全案》中收录的公文等互相对照。值得一提的是,本书还纪录了湖社善后寿圣庵与社所、纪念堂落成后的事迹,文末尚有一份募款征信录。

(三)《湖社委员会与处理寿圣庵委员会联席会议档案》 上海档案馆藏,这是该馆所藏上海湖社档案的一小部分。经笔者比对,当中的会议记录,有些内情并不见诸前述两份资料中,价值可谓异常珍贵。

(四)《陈英士先生纪念堂兴建案》 台北"国史馆"藏,此一档案根据总统府 2005 年 9 月 13 日华总一智字第 09400132570 号函,采项目方式概括解密,各级密等予以注销。卷宗文件主要包括了与兴筑英士纪念堂有关的往来公函,与《湖社社基全案》《建筑湖社社所暨英士纪念堂报告书》可对照者不少,但更值得注意的是两封寿圣庵住持谛明的陈情书。

(五)《申报》 全名《申江新报》,1872 年 4 月创刊于上海,1949 年 5 月停刊,它对近现代社会状况颇有纪录,可供研究运用的资料不少。在寿圣庵事件方面,该报也有翔实而生动的报导,恰巧可弥补前述文件的不足,对于若干细节的厘清,相当有助益。本文对相关报导的引用,主要藉助于在线资源《申报(1872—1949)数据库》进行检索,而湖州市档案馆惠赠的《〈申报〉湖州旅沪同乡团体史料》①亦可备为一览。

(六)其他 包括《湖州月刊》及有关政府公报的内容,都来自

---

① 湖州市档案馆编:《〈申报〉湖州旅沪同乡团体史料》,湖州市档案馆 2011 年版。

在线资源《民国时期期刊全文数据库(1911—1949)》,主要用以充实、比对与前述档案间的异同,基本上聊备一格。

由于相关的材料相当丰富,笔者耗费了许多时间与精神耙梳,才将寿圣庵事件理出较为清晰的头绪,也才体认到此一法律事件,实由若干错综复杂的时空条件所构成。

2013 年 11 月 21 至 22 日,"中央研究院"近代史研究所主办的"改变了中国宗教的 50 年"主题计划成果发表会,我的场次被安排在 22 日上午,主持人张宁教授做了以下点评:

(一)在第一天讨论过"民间信仰的转型"与"宗教知识的产生"两大议题后,今天的主题全面转向"近代菁英的宗教生活"。刘文星先生首先以政治菁英为主的湖社为例,看它如何利用其影响力将上海寿圣庵改建为陈英士纪念堂。

(二)这篇文章材料相当丰富,包括湖社自己的出版物、律师辩护词、法院判决书以及报纸报道等,作者也竭尽可能地将材料一一罗列,但是因为在这个案例中,所谓的"近代菁英"与"宗教生活"之间是处于对立的两方,彼此为了寺庙的地产与管理权而各说各话,而作者立场随着资料而游移,前半截让人以为这是一桩国民党要人掠夺庙产的典型,后半截又让大家觉得湖社整顿寿圣庵似乎有其正当性。整个事件有如罗生门一般,让人弄不清"近代菁英的宗教生活"究竟是怎么回事。

(三)作者可能必须重新思考书写策略,将原先散在文中不同地方的关键讯息整合起来,说一个完整的故事,包括金涌和尚是谁? 高客人在草创时期扮演什么的角色? 寿圣庵何时建立? 为何称寿圣"庵"? 何时买地? 地产面积有多大? 主要拜什么神? 信众来自何方? 寿圣庵与湖州人的关系为何? 为何湖州人会认为自己有权处分寿圣庵等。由于寿圣庵成立的时间远比湖社为早,只有先厘清了这个寺庙于护法间的关系,才能让我们明白这个事件真正的本质。

(四)虽然这篇文章写得模糊不清,但我觉得这个案例相当重要。其重要性不在于谁对谁错,其重要性在于这是一个都市丛林的很好案例(这里的"丛林",指的是佛教的十方丛林、"都市"则是上海这个快速发展的城市)。为了修行,大部分的寺庙多建于人烟稀少之处,像寿圣庵在 1870 年初建之时,上海北京路一带还是非常荒僻之地,但是随着租界的建立,人口的扩张,到了国民政府时期,此地靠近北外滩,是不折不扣的繁华之地,交通便利,地价高昂,自然成为四方争夺的对象。

(五)我觉得这个现象可以与下午傅海晏先生要报告的"静安寺汉奸和尚"的案例,一并思考。静安寺与寿圣庵分别位于上海公共租界的东西两侧,都面临同样城市发展所带来的困境。静安寺历史自然较寿圣庵早很多(相传为三国东吴时期),地产大小也不能同日而语(静安寺有 80 余亩,寿圣庵只 1 亩多),但在十九世纪之前,静安寺附近一直是很荒凉的地方,1899 年被纳入租界范围后,到了 1930 至 40 年代,已发展成城市的中心,南面有跑马厅,右首有金门饭店、YMCA、国际饭店及大光明戏院等四栋大型建筑，大门一出去、贴着山门便是整排商店。静安寺的主持德悟被诬为汉奸，有一部分原因就是想要重建寺门、迁离商铺，因而得罪这些商店主人之故。

（六）所以，当寺庙因都市的扩张，由原先的清修之地一变而为都市丛林，寺庙要如何自处？当本来不值钱的荒地，变成市中心寸土寸金的房产，进而引来他人的觊觎，寺庙该如何应付？地产价值的变化，同样造成护法居士与寺庙主持关系的转变，双方由相互信赖，转而对簿公堂。司法与政治力的介入，更使得寺庙无法独立于俗世凡尘之外。

（七）再者，我还有两点要提醒作者，一个是道契，一个是外国律师。作者说道契之所以宝贵是因为有帝国主义领事裁判权。道契就是公共租界的地契，更糟的是，是没有所有权，只有永租权的地契，它之所以贵重不是因为什么帝国主义与领事裁判权，而是因为它位于公共租界，而位于公共租界之所以重要，是因为租界是个快速发展的市区。除非作者能证明公共租界工部局有干涉寿圣庵房产纠纷，否则不宜人云亦云。

（八）此外，在第55页（按：即当时大会论文集的页码）讨论律师的介入时，作者表示诉讼双方延请的多为华籍律师，这里要提醒的是，1928年8月缔松延请的费信惇（Stirling Fessenden）与赫克孟都是外国人，费信惇是美国人，他不但是律师，当时还是公共租界工部局的总董，缔松为何会聘请费信惇为律师？费信惇又为何会接这个案子？后续发展为何？这些都值得作者一一追溯。

　　除了张宁教授直击核心的点评之外，孙惠敏、侯坤宏、付海晏、陈罡等教授也分别惠赐高见，后来笔者即据此翻修拙文，在 2015年 11 月正式收录在专书《改变中国宗教的五十年，1898—1948》之中。事隔多年之后，笔者任教于淮阴师范学院，复于该文的基础上予以补正，除了依大陆学术界习惯更改论文格式、添加参考资料外，若干原先征引网络资料的脚注，也都一一查证纸质本，或者有所修正与替换，并于正文之前加上《大事摘记》，使读者粗知湖社社所建成梗概。附录部分，亦较先前版本更为充实，除了《寿圣精舍董事会简章》《陈公英士纪念堂董事会组织章程》仍予保留外，尚且增加了《湖社社基全案目录》《处理寿圣庵各项账目》《各项总清》《〈摘录筹建社所重要议案〉节录——民国二十一年一月至二十二年四月》（编按：即 1932 年 1 月到 1933 年 4 月）及《捐助经募名册》。需要说明的是，《大事摘记》《处理寿圣庵各项账目》和《捐助经募名册》3 项，皆见诸《建筑湖社社所暨英士纪念堂报告书》。而有关《处理寿圣庵各项账目》和《各项总清》记载的账目，分别涉及湖社对寿圣庵的处理，以及寿圣庵经整顿后之内部运作，其每笔支出或收入，在在反映当时上海物价，故列出供学界参考。此外，因本书对 1932 年 1 月到 1933 年 4 月社所启用前后事迹的讨论比较粗略，是以列出这一阶段筹建社所的大事纪，以与文前《大事摘记》相对照。从里面的纪录可知，1932 年一·二八事变爆发，湖社义务提供新建房屋预备出租部分,收容被难同乡,并采取了有关紧急应变措施,这条史料可谓弥足珍贵。1933 年 4 月 1 日,湖社召开第九届第九次委员会,会中确立了永久保管社基道契权柄单办法,这是《建筑湖社社所暨英士纪念堂报告书》的最后记事,标志着寿圣庵事件与社所成立一事,至此真正结案。最后的《捐助经募名册》,在《建筑湖社社所暨英士纪念堂报告书》中不具标题,仅仅列出"依照募捐简则奖励捐助巨欸经募巨欸各户列后"数字,笔者为方便介绍起见,权订标题如前。先是,1926 年 9 月 4 日,湖社第三届第六次委员会,讨论筹建社所案,会中议决推定沈田莘预备捐册及收条格式,并推汤济沧、潘公展拟募捐缘起。11 月 8 日,第四届第八次委员会中,确立募捐缘起已由汤济沧拟就,募捐简章已由潘公展拟就。12 月 5 日,第三届第九次委员会中,通过募捐收据、募捐简则,并推举募捐委员会委员。① 至 1927 年 5 月中旬,湖社成立建筑社所募捐委员会开始募捐,②故此一名册的由来,显然与前述的内部会议有关。可惜,因时间仓促,笔者并未找到这份募捐简则,故只得列出捐助经募者。话虽如此,此一名单呈现了湖社部分的人际网络,这对研究该民间团体在社会基层的活动,提供了重大信息。

值得一提的是,付海晏的《佛教、政治与都市社会:以民国静

---

① 《摘录筹建社所重要议案》,《建筑湖社社所暨英士纪念堂报告书》,第 78 页。
② 《大事摘记》,《建筑湖社社所暨英士纪念堂报告书》,第 75 页。

安寺汉奸和尚案为中心的探讨》一文①，同样也运用了大量的上海法律史料，探讨官方与僧侣间的互动，读者如有兴趣，可一并参考。又洪煜、韩瑞韬《话语与秩序——1928年湖社处理寿圣庵地产纠纷案》一文②，其宗旨在于叙明，在寿圣庵一案中，国家、社团和个体之间由于各自所处地位的不同，使得彼等在话语建构与实践过程中存有巨大差异，而湖社显然掌握着绝对的舆论话语权。惟该文立足于拙作观点甚多，请有识者不妨比较公评二者的异同。

---

① 付海晏：《佛教、政治与都市生活：以民国静安寺汉奸和尚案为中心的探讨》，康豹、高万桑主编《改变中国宗教的五十年，1898—1948》，第495—525页。
② 洪煜、韩瑞韬：《话语与秩序——1928年湖社处理寿圣庵地产纠纷案》，《史学月刊》2017年第11期，第58—67页。

图书在版编目(CIP)数据

近代湖社与寺院的互动：以上海寿圣庵事件为中心/刘文星
著. —上海：上海三联书店，2022.3
ISBN 978 - 7 - 5426 - 7479 - 1

Ⅰ.①近… Ⅱ.①刘… Ⅲ.①社会团体-史料-上海-近代
Ⅳ.①C232.51

中国版本图书馆 CIP 数据核字(2021)第 128802 号

近代湖社与寺院的互动：以上海寿圣庵事件为中心

著　者 / 刘文星

责任编辑 / 郑秀艳
装帧设计 / 一本好书
监　制 / 姚　军
责任校对 / 张大伟　王凌霄

出版发行 / 上海三联书店
　　　　(200030)中国上海市漕溪北路 331 号 A 座 6 楼
邮购电话 / 021 - 22895540
印　刷 / 上海惠敦印务科技有限公司

版　次 / 2022 年 3 月第 1 版
印　次 / 2022 年 3 月第 1 次印刷
开　本 / 890 mm × 1240 mm　1/32
字　数 / 150 千字
印　张 / 5
书　号 / ISBN 978 - 7 - 5426 - 7479 - 1/C · 616
定　价 / 48.00 元

敬启读者，如发现本书有印装质量问题，请与印刷厂联系 021 - 63779028